受内蒙古师范大学学术著作出版基金资助

高新技术产业的金融支持

乌兰 著

TECHNOLOGY

中国社会科学出版社

图书在版编目（CIP）数据

高新技术产业的金融支持/乌兰著.—北京：中国社会科学出版社，2017.12

ISBN 978-7-5203-1332-2

Ⅰ.①高… Ⅱ.①乌… Ⅲ.①高技术产业—金融支持—研究—中国 Ⅳ.①F279.244.4

中国版本图书馆 CIP 数据核字（2017）第 267214 号

出 版 人	赵剑英
责任编辑	戴玉龙
责任校对	李　成
责任印制	王　超

出　　版	中国社会科学出版社
社　　址	北京鼓楼西大街甲 158 号
邮　　编	100720
网　　址	http://www.csspw.cn
发 行 部	010-84083685
门 市 部	010-84029450
经　　销	新华书店及其他书店
印　　刷	北京明恒达印务有限公司
装　　订	廊坊市广阳区广增装订厂
版　　次	2017 年 12 月第 1 版
印　　次	2017 年 12 月第 1 次印刷
开　　本	710×1000　1/16
印　　张	13.5
插　　页	2
字　　数	129 千字
定　　价	75.00 元

凡购买中国社会科学出版社图书，如有质量问题请与本社营销中心联系调换
电话：010-84083683
版权所有　侵权必究

序

    经过六十多年的发展，中国高新技术产业取得了举世瞩目的成就。高新技术产业的发展不仅支撑着中国国民经济的高速增长和国家实力的显著提升，更是从根本上改变了世界产业竞争力的格局。尽管中国已成为世界第一制造业大国，但中国工业化进程还远未完成，国民经济的强大需要以高新技术产业的发展为基础。2008年的金融危机，让世界各国意识到实体经济发展的重要性，重新审视了金融创新与实体经济之间的关系，不少发达国家将高新技术产业发展视为未来经济发展的动力。对于中国而言，虽然近年来经济发展速度较快，但也存在着诸多问题，比如技术创新能力弱、可持续发展能力不强等。当前，全球经济尚没有从金融危机的低谷中完全复苏，中国作为全球最大的发展中国家，经济也正面临着前所未有的挑战，在这样的背景下，探讨如何有效地促进高新技术产业的发展具有较强的现实意义。

对于中国产业发展而言，大量研究集中于对产业发展的影响因素的探讨。但自戈德史密斯、麦金农、肖等提出金融发展理论以来，国外不少文献关注了"金融与经济增长"之间的关系，并很自然地将研究视角延伸至金融与产业发展之间的关系，将金融发展、金融结构与产业发展结合起来。这些研究对金融发展与金融结构的讨论融合了资本市场和银行部门的综合考虑，特别是对于金融结构方面，更多地争论银行和资本市场谁能更好地促进产业增长。高新技术产业的发展往往从技术创新开始，其持续发展则较大程度上取决于金融资本的支持，而金融资本的配置又是通过金融体系完成的，所以充分而有效的金融支持是高新技术产业发展的前提和必要条件，高新技术产业的发展需要成熟而健全的金融支持体系。

随着经济的发展，中国高新技术产业有了一定的规模，但也面临着产业资本形成不足、金融支持乏力等困境。形成这些困境的重要原因是中国缺乏一个发达并高效的针对高新技术产业的金融支持体系。因此，本书在现有研究的基础上，系统地分析了中国高新技术产业发展的金融支持问题。选取风险投资、资本市场、银行信贷以及互联网金融四个金融支持体系的组成部分，以此为主线分析金融支持体系通过其功能的发挥促进高新技术产业发展的理论分析和实证度量。

作为全球最大的发展中国家，中国在一个低效的法律和金融体系下取得了经济快速增长的成就，中国经济的转轨绩效也吸引了全世界的目光。本书不仅对现有关于产业发展的金融支持研究形成有效的补充，更有利于思考经过改革开放三十多年粗放发展的中国经济如何以加快高新技术产业发展、促进技术创新从而提高核心竞争力的方式实现产业结构的转型升级。

本书的创新之处在于：第一，在研究视角上，本书从金融支持与高新技术产业发展相结合的视角分析高新技术产业发展问题。在梳理金融支持和高新技术产业概念的基础上，探讨金融支持与高新技术产业发展的内在作用机理，形成金融支持条件下产业发展的分析框架。第二，在研究方法上，现有文献对高新技术产业发展的金融支持研究以定性分析或模型构建为主，较少进行实证分析。与现有文献不同，本书利用中国高新技术产业上市公司数据构造面板数据，运用DEA两阶段模型分析高新技术产业的金融支持影响效果。第一阶段评估相对效率和动态效率；第二阶段以第一阶段的效率值为因变量，以各个环境因素为调节变量，构建Tobit模型，评估环境因素对效率值的影响方向和影响强度。第三，在研究结论上，本书得出了较为新颖的研究结论。中国高新技术产业的金融支持的效率未达到最优，有提升和优化的空间。得出的结论为高新技术产业的金融支持效率与金融结构、公司成立年数以及风险投资的相关关系较为显著，与企业所属地区以及所有制形式的相关关系不显著。

在此基础上，提出风险投资、资本市场、银行信贷、互联网金融等金融支持体系合理化发展的对策建议。

本书遵循提出问题、分析问题、解决问题的分析思路，在现有研究基础上，依据金融发展理论、金融与经济增长理论、金融与产业发展等方面的理论，坚持理论与实证相结合，运用DEA两阶段模型，从中国高新技术产业发展的金融支持角度展开研究。第一章是导论，主要说明研究背景和研究意义、国内外研究现状以及总结性评述、研究方法、研究的创新点及进一步研究的方向。第二章为理论基础与文献综述，首先阐述与论文相关的基础理论，主要有金融发展理论，包括金融结构理论、金融约束理论、金融深化理论，以及金融发展与经济增长理论等，为后文的研究提供理论依据；从高新技术产业发展的影响因素、高新技术产业发展与金融支持三个方面进行文献回顾及梳理，评述国内外已有研究成果和研究不足，在此基础上引出本书的研究重点。第三章为中国高新技术产业发展与金融支持，从高新技术产业阶段性发展与差异化的金融支持角度进行分析，并回顾中国高新技术产业发展历程与发展成效，发现其在发展过程中面临着金融支持不足等困境，需要市场化及多样化的多层次金融支持体系。第四章为高新技术产业发展的金融支持作用机理分析，对高新技术产业发展的金融支持作用机理及传导机制进行研究。进一步从理论的角度分析金融支持体系如何通过资本形成、资源配置、风险管理等功能的发挥促进高新技术产业的发展。第五章为中国高新技术产业发展的金融支持问题与原因分析，分别对风险投资、资本市场、银行信贷以及互联网金融支持体系的组成部分的支持现状与存在的问题进行详尽分析，并从宏观层面、中观层面和微观层面分析了问题形成的原因。第六章为中国高新技术产业的金融支持影响效果实证分析，是对前文的理论分析部分的实证检验，通过建立一个DEA模型，考察中国高新技术产业的金融支持的影响效果。第七章为结论与对策建议，主要在第五章的金融支持现状和问题研究以及第六章的实证分析基础上，提出提高高新技术产业发展的金融支持效率的有效途径与对策建议。

通过系统性的研究，本书得出如下结论：

第一，高新技术产业的阶段性发展与金融支持关系的研究表明，随着高新技术产业的发展阶段的推进，对金融资金的需求也会扩大。高新技术产业发展的前期阶段可以借助政府扶持资金和风险投资的支持，产业发展的后期阶段可以借助完全商业化的金融支持来满足资金需求。

第二，对中国高新技术产业发展历程与成效以及面临困境的研究发现，中国高新技术产业大致经历了四个时期的发展，并在技术创新和产业规模等方面取得了一定成效，但产业的发展也面临着内部资金有限和外部资金支持不足等困境。为了解决中国高新技术产业发展面临的困境,需要高效的、针对性较强的金融体系的支持。金融体系功能的发挥和自身的发展,从资本形成、资源配置、风险管理传导机制等方面作用于高新技术产业的发展。

第三,通过对金融支持体系的支持现状的研究发现,风险投资对高新技术产业的前期投资较少,证券类和银行信贷产品的种类较少,银行业集中度过高,互联网金融的发展不规范,这些问题的存在影响着高新技术产业的金融支持效果。同时,从宏观层面、中观层面和微观层面剖析了问题形成的原因。

第四,从中国高新技术产业的金融支持影响效果来看,金融体系在支持高新技术产业发展过程中的资源配置效率并没有实现最优,还有提升和优化的空间。中国金融支持体系对高新技术产业整体发展的支持效率是不稳定的,通过技术创新、资源配置、规模经济等途径促进高新技术产业发展的效率还需要改善和提升,金融支持体系的发展规模也没有实现规模经济效应,并且中国高新技术产业的金融支持效果受金融结构以及公司成立年数和风险投资的参与等环境因素的影响,不受公司所有制形式和公司所在地等因素的影响。

目　录

第一章　导论 …………………………………………………… 1

　第一节　研究背景与研究意义 ………………………………… 2

　　一　研究背景 ……………………………………………… 2

　　二　研究意义 ……………………………………………… 4

　第二节　相关概念界定 ………………………………………… 5

　　一　高新技术产业 ………………………………………… 5

　　二　金融支持 ……………………………………………… 9

　第三节　研究内容、框架与方法 …………………………… 11

　　一　研究内容 ……………………………………………… 11

　　二　研究框架 ……………………………………………… 13

　　三　研究方法 ……………………………………………… 14

　第四节　创新点与不足之处 ………………………………… 14

一　创新点 …………………………………………………… 14
　　　二　不足之处 ………………………………………………… 16
第二章　理论基础与文献综述 …………………………………………… 18
　第一节　理论基础 …………………………………………………… 18
　　　一　金融发展理论 …………………………………………… 18
　　　二　金融发展与经济增长理论 ……………………………… 30
　第二节　文献综述 …………………………………………………… 33
　　　一　国外研究 ………………………………………………… 33
　　　二　国内研究 ………………………………………………… 40
　　　三　总结性评述 ……………………………………………… 48
第三章　中国高新技术产业发展与金融支持 …………………………… 50
　第一节　高新技术产业发展阶段与金融支持 ……………………… 50
　　　一　创业阶段与金融支持 …………………………………… 52
　　　二　成长阶段与金融支持 …………………………………… 54
　　　三　扩张阶段与金融支持 …………………………………… 55
　　　四　成熟阶段与金融支持 …………………………………… 56
　第二节　中国高新技术产业发展历程与成效 ……………………… 57
　　　一　中国高新技术产业发展历程 …………………………… 57
　　　二　中国高新技术产业发展成效 …………………………… 62
　第三节　中国高新技术产业发展面临的困境 ……………………… 69

目 录

　　　　一　面临内部资金积累有限的困境 …………………… 70
　　　　二　面临外部资金支持不足的困境 …………………… 72
　　第四节　本章小结 ……………………………………………… 77

第四章　高新技术产业发展的金融支持作用机理分析 ……… 79
　　第一节　资本形成与高新技术产业发展 …………………… 80
　　　　一　资本形成对高新技术产业发展的影响 ………… 83
　　　　二　资本形成对高新技术产业发展的传导机制 …… 86
　　第二节　资源配置与高新技术产业发展 …………………… 88
　　　　一　资源配置对高新技术产业发展的影响 ………… 88
　　　　二　资源配置对高新技术产业发展的传导机制 …… 89
　　第三节　风险管理与高新技术产业发展 …………………… 92
　　　　一　风险管理对高新技术产业发展的影响 ………… 92
　　　　二　风险管理对高新技术产业发展的传导机制 …… 93
　　第四节　本章小结 ……………………………………………… 96

第五章　中国高新技术产业发展的金融支持问题与
　　　　原因分析 ……………………………………………… 98
　　第一节　中国高新技术产业发展的金融支持现状 ……… 99
　　　　一　风险投资支持现状 ………………………………… 99
　　　　二　资本市场支持现状 ………………………………… 105
　　　　三　银行信贷支持现状 ………………………………… 111

— 3 —

四　互联网金融支持现状 …………………………………… 118

　第二节　中国高新技术产业发展的金融支持问题 …… 124

　　　一　风险投资方面的问题 …………………………………… 124

　　　二　资本市场方面的问题 …………………………………… 128

　　　三　银行信贷方面的问题 …………………………………… 130

　　　四　互联网金融方面的问题 ………………………………… 132

　第三节　中国高新技术产业发展的金融支持问题

　　　　　形成原因 …………………………………………………… 133

　　　一　宏观层面的原因 ………………………………………… 133

　　　二　中观层面的原因 ………………………………………… 135

　　　三　微观层面的原因 ………………………………………… 139

　第四节　本章小结 ……………………………………………… 140

第六章　中国高新技术产业的金融支持影响效果
**　　　　实证分析** …………………………………………………… 142

　第一节　研究设计与思路 …………………………………… 143

　　　一　模型的设定与思路 ……………………………………… 143

　　　二　指标的选取与定义 ……………………………………… 147

　　　三　样本选择与数据来源 …………………………………… 150

　第二节　实证结果与分析 …………………………………… 151

　　　一　第一阶段测算结果与分析 ……………………………… 152

二　第二阶段实证结果与分析 …………………… 162
　第三节　基本结论 ……………………………………… 165
第七章　结论与对策建议 …………………………… 167
　第一节　结论 …………………………………………… 167
　第二节　对策建议 ……………………………………… 172
　　一　政府采用适当的方式，引导风险资本的
　　　　投资 ………………………………………… 173
　　二　加快多层次资本市场建设，拓宽高新技术
　　　　产业支持渠道 ……………………………… 175
　　三　创新和完善商业银行信贷机制，并设立专门
　　　　银行 ………………………………………… 177
　　四　规范互联网金融发展，更好地为高新技术
　　　　小微企业服务 ……………………………… 179
参考文献 …………………………………………………… 182
附　录 ……………………………………………………… 199

第一章

导　论

2008年爆发金融危机以来，世界主要发达国家和地区对虚拟经济与实体经济之间的关系有了新的认识，普遍认为高新技术产业在实体经济中有重要作用。近几年，随着中国经济增速的放缓以及制造业的萎缩，越来越体现出核心技术和技术创新的重要性以及高新技术产业发展的紧迫性。金融是现代经济发展的核心，政府部门和学术界应更加关注如何发挥金融功能从而更有效地支持高新技术产业的发展。

第一节 研究背景与研究意义

一　研究背景

20世纪80年代以来，世界主要发达国家逐渐认识到发展高新技术产业是21世纪保持竞争力的重要途径，美国、日本、韩国及欧盟国家都加快了高新技术产业发展的步伐。在这一背景下，诸多发展中国家也致力于促进本国高新技术产业的发展与技术创新活动，努力缩小与发达国家之间的差距。美国在克林顿政府时期主张实施"鼓励创新、支持创业"以及高新技术产业的风险投资等政策，在小布什政府时期重视军民两用高新技术产业的合理应用，力图稳固在世界经济中的领先地位。日本在20世纪80年代就确立了"产业立国"战略，成为仅次于美国的世界第二大经济强国；90年代后，日本经济开始衰退，引起了日本政界、企业界、学术界等的高度重视，提出科技立国、发展高新技术及产业化的战略目标。

在欧盟推进区域经济一体化的同时，为提高国际竞争力，德国、英国、法国等主要成员国都在致力于高新技术产业化发

第一章 导 论

展与技术创新，并取得了诸多成就。新兴发达国家韩国也在科学技术革新发展规划中，确立了科技强国的长远发展目标，明确了高新技术产业在国民生产总值中的比重要达到30%。因此，就全球来看，虽然高新技术产业的产值创造仍然集中在美国、日本和欧盟等主要发达国家和地区，但世界各国都普遍重视高新技术产业的发展和核心技术的开发。

高新技术产业是一种创新主导型产业，具有资金密集型和技术密集型的特性，产业的持续发展需要大量的资金。近几十年，虽然中国高新技术产业得到了较快的发展，但是现阶段高新技术产业仍处于低水平起步发展阶段，高新技术产业的基础脆弱、核心竞争力较弱、自主创新能力不强。因此，中国政府应加强对产业自主创新的支持力度，重点选择并大力开发对中国产业发展具有重大带动作用的高新技术、重大行业技术。① 2016年中国《政府工作报告》中也提出，要"强化创新引领作用，启动一批新的国家重点科技项目，建设一批高水平的国家科学中心和技术创新中心，培育壮大一批有国际竞争力的创新型领军企业。持续推动大众创业、万众创新"。高新技术产业和金融的结合是中国产业转型升级的必由之路，高新技术产业发展需要充分而有效的金融支持。

---

① 齐兰：《垄断资本全球化对中国产业发展的影响》，《中国社会科学》2009年第2期。

二 研究意义

20世纪80年代以来的高科技革命成果，表明了高新技术产业在军事、经济和社会等方面的重大影响。在高新技术产业的产值份额越来越大、重要性越来越突出的条件下，研究中国高新技术产业发展问题具有重要意义。

（一）理论意义

高新技术产业的发展对中国经济具有战略性意义，是经济保持平稳增长的主要驱动力。然而金融资源是现代市场经济的"血液"，金融资源的合理配置是经济发展中的重要问题，金融体系的健康发展为高新技术产业的发展提供了有效的资金保障。

基于此，本书为中国高新技术产业发展的相关研究提供数据，也有利于从多个角度来综合理解金融支持对中国高新技术产业发展的影响，形成高新技术产业发展与金融支持的综合分析框架，并且进一步明确金融支持对中国高新技术产业发展的影响，深入揭示其作用机理，对现有关于高新技术产业发展与金融支持关系的研究文献形成有效补充。

（二）现实意义

高新技术产业的发展有利于提高经济发展的核心竞争力，而高新技术产业的发展越来越受到金融支持匮乏等问题的制约。

只有加大对高新技术产业的支持力度,推动技术创新与技术进步,才能实现产业的转型升级。因此,将"金融支持"与"高新技术产业发展"紧密地联系起来,研究高新技术产业发展的金融支持问题,积极探索产业发展的金融支持问题,并在此基础上提出对策建议,不仅有利于中国高新技术产业的发展,也有利于促进金融支持政策更好地服务于实体经济发展,具有重要的实践价值。

第二节 相关概念界定

一 高新技术产业

(一)高技术与高新技术

高新技术的概念是由高技术的概念延伸而来的。高技术(High Technology)简称为"High Tech",美国学者戴曼斯叙在其著作《高技术》中指出:对高技术企业的认定标准是专业技术人员在员工人数中的比例和开发研究费用在销售收入中的份额。这两个标准反映了高新技术产业具有很强的知识密集度和资本密集度。美国商务部按照三个方面的标准来界定高新技术产业，即 R&D 经费支出占产品销售额的比例、研发从业人员占从业人员的比重以及产品的技术复杂程度超过一定标准等。①

在国际上比较有权威的经济合作与发展组织（OECD）对高新技术产业的定义为：R&D 经费占总产值的比例远高于各产业平均水平，具有较大的持续发展潜力和充满活力的、高度综合的行业领域。随着经济发展和技术进步，OECD 对高新技术产业的划分也在不断调整。比如 20 世纪 80 年代的划分标准是，研发经费占该行业总产值的 4%，到了 90 年代，这一标准提高到了 8%。②

中国首次提出高技术概念是在 1986 年的《高技术研究发展计划》（简称"863 计划"）中。1988 年的"火炬计划"，又将高技术概念进一步拓宽为高新技术，即高技术和新技术。

高新技术是相对于传统的技术而提出的，其概念最早在 20 世纪 70 年代美国国家科学院出版的《技术和国家贸易》中提出。高新技术是指高科技含量的新兴技术，从相对概念上定义为含有现代尖端科学成就的主导社会生产力发展方向的知识密集型技术，即过去的高新技术已成为当今的常规技术，今天的

---

① 韩霞：《高技术产业公共政策研究》，社会科学文献出版社 2009 年版，第 2—9 页。
② 逯宇铎、兆文军：《高新技术产业化理论与实践》，科学出版社 2011 年版，第 4—5 页。

高新技术也将成为未来常规技术。[1] 因此，高新技术是一个相对动态的概念，随着社会的发展和进步，不断地进行调整，这一时期的高新技术，在下一个时期可能成为传统技术。

（二）高新技术产业的分类

高新技术产业是指以生产高新技术产品为主，知识密集度、资本密集度以及技术密集度相对较高，高风险与高收益并存，具有高附加值和高效益的产业。世界各国普遍以OECD的划分标准与本国实际情况相结合来选择和确定高新技术产业范围。

OECD将医药制造业、航空航天器制造业、电子及通信设备制造业、电子计算机及办公设备制造业和医疗设备及仪器仪表制造业划分为高技术产业。

综上可知，不同的国家和地区对高新技术产业的划分有不同的标准，一般都是根据本国经济社会发展的需求和实际情况对高新技术产业进行界定和划分。美国的划分标准是，将科研人员占从业人员的10%以上或研发费用占该行业总利润的10%以上的行业确定为高技术产业，具体有导弹及航天器材、无线电及电子设备、电子元器件、飞机及零部件、办公及计算设备、军用器材及附属品等十类高技术产品；欧盟确定了核子反应堆、

---

[1] 霍健华：《中国高新技术企业竞争力案例分析》，《市场周刊》2002年第2期。

自动资料处理机及辅助设备、航空器及部件、电视接收机等28种高技术产品。

中国对高新技术产业的划分主要取决于高新技术企业的认定和高新技术产品的分类，并且经历了三个阶段。第一阶段为1991—2000年，包括《国务院关于批准国家高新技术产业开发区和有关政策的通知》和《国家高新技术产业开发区高新技术企业认定条件和办法》中规定的相关行业，将研究开发费用超过企业总收入的3%以上的企业认定为高新技术企业；第二阶段为2000—2008年，包括《关于印发〈国家高新技术产业开发区高新技术企业认定条件和办法〉的通知》中规定的相关行业，将研发投入超过当年总销售额的5%的企业认定为高新技术企业；第三阶段为2008年至今，《关于印发〈高新技术企业认定管理办法〉的通知》和《关于印发〈高新技术企业认定管理工作指引〉的通知》（国科发火〔2008〕362号）对该认定办法和该工作指引对企业申报高新技术企业的条件、流程以及复审等标准进行了详细规定。

国科发火〔2008〕362号文将电子信息技术、生物与新医药技术、航空航天技术、新材料技术、高技术服务业、新能源及节能技术、资源与环境技术及高新技术改造传统产业归类为高新技术产业[1]，这一划分标准主要突出了高技术服务业的重要性。本书对高新技术产业的分类也采取此分类法。

从上述情况来看，中国高新技术产业的划分经历了三个阶段，并随着经济发展的需要不断调整对高新技术产业及其产品的分类和确定，既参照了国际经验，以适应国际比较的需要[2]，也充分考虑了中国自身科技发展和生产力发展水平等实际发展情况，以及不同时期各产业领域的技术创新情况等因素。

二 金融支持

人们通常将金融体系或金融系统看作市场及其他用于订立金融合约和交换金融资产及控制风险的机构的集合，具体包括金融市场、金融中介、金融服务公司和其他用于实现家庭、企业及政府的金融决策的机构。[3] 金融体系是一个整体，需要各类金融机构与金融市场分工协作，并且需要通过制度的调整和规范提高其运行效率。

---

[1] 按照这一规定，中国高新技术产业还包含核燃料加工业、信息化学品制造业和公共软件服务业。这主要是从中国高新技术产业实际发展水平方面考虑的。核燃料加工业是新能源和新材料行业，信息化学品制造业与电子及通信设备制造业紧密相关，公共软件服务业属于知识密集型行业。

[2] 国家统计局在公布高技术产业数据时，为了与OECD统计口径一致，没有将核燃料加工业、信息化学品制造业和公共软件服务业数据计入统计范围。

[3] 兹维·博迪、罗伯特·C.莫顿：《金融学》，中国人民大学出版社2000年版，第4—21页。

高新技术产业的金融支持

金融是一国经济或产业发展的核心和基础资源，金融资源的有效配置可以促进产业的发展。金融体系结构的合理发展、发展中国家的金融深化过程、金融功能的有效发挥以及其带来的金融效率的提升都将是金融发展的表现。宏观层面的金融发展研究要适应国内外形势特别是实体经济的发展，只有这样，金融体系结构调整在经济增长和经济发展中的促进作用才不会成为无源之水，无本之木；中观层面的研究普遍认为金融发展对产业的发展有促进作用；著名的 MM 理论、权衡理论、激励理论、控制理论等微观角度的研究也肯定了金融在企业融资问题上的作用。本书将要探讨的高新技术产业发展的金融支持问题，是宏观层面的国民经济发展与金融支持在产业层面上的延伸与深入。

金融体系在现代经济中所发挥的作用日益明显，世界各国的金融体系在结构上存在巨大差异（林毅夫、孙希芳、姜烨，2009）。金融发展是一个综合性的概念，它可以是金融功能的拓展或提升，也可以表现为金融效率的提升，还可以使产业发展中金融支撑作用得到提高、金融结构得到优化以及金融环境得到改善等。

本书所指的金融支持是风险投资、资本市场、银行信贷和互联网金融等为高新技术产业提供的金融服务和金融支撑。

第一章 导 论

第三节　研究内容、框架与方法

一　研究内容

本书从中国高新技术产业发展的金融支持角度展开了研究，由五大部分共七章组成。

第一章为导论。导论部分是全书的引子，本章主要说明了选取此题目作为研究背景的原因，阐述了研究的理论意义和现实意义，并对本书的研究方法以及创新点和今后努力的方向进行了说明。

第二章为理论基础与文献综述。首先阐述相关的基础理论，主要有金融发展理论，包括金融结构理论、金融约束理论、金融深化理论，以及金融发展与经济增长理论等，为后文的研究提供理论依据；其次从金融发展与产业发展的关系、高新技术产业发展及其影响因素、高新技术产业发展与金融支持关系三个方面对国内外研究进行文献回顾及梳理，评述国内外已有研究成果及不足，在此基础上引出本书的研究切入点。在对国内外研究现状进行梳理的基础上进行了现有研究的总结性评述。

第三章为中国高新技术产业发展与金融支持。从高新技术产业阶段性发展特征与对应的差异化的金融支持角度进行深入研究，并回顾中国高新技术产业发展历程与发展成效，发现其在发展过程中面临金融支持匮乏等困境。

第四章为高新技术产业发展的金融支持作用机理分析。本章对高新技术产业发展的金融支持作用机理及传导机制进行研究，进一步从理论的角度分析金融支持体系通过资本形成、资源配置、风险管理等功能的发挥促进高新技术产业的发展问题。

第五章为中国高新技术产业发展的金融支持问题与原因分析。本章分别对风险投资、资本市场、银行信贷以及互联网金融等对中国高新技术产业的支持现状与存在的问题进行详尽分析，并从宏观层面、中观层面和微观层面分析了问题形成的原因。

第六章为中国高新技术产业的金融支持影响效果实证分析。本章对前文的理论分析进行实证检验，通过建立一个 DEA 两阶段模型，考察中国高新技术产业的金融支持的影响效果。

第七章为结论与对策建议。本章对全文进行总结，为下一步的发展方向提供有益的建议，主要在第五章的金融支持现状和问题研究以及第六章的实证分析基础上，提出提高高新技术产业发展的金融支持效率的有效途径与对策建议。

二 研究框架

本书按照提出问题、分析问题、解决问题的思路进行，基本研究框架如图 1-1 所示。

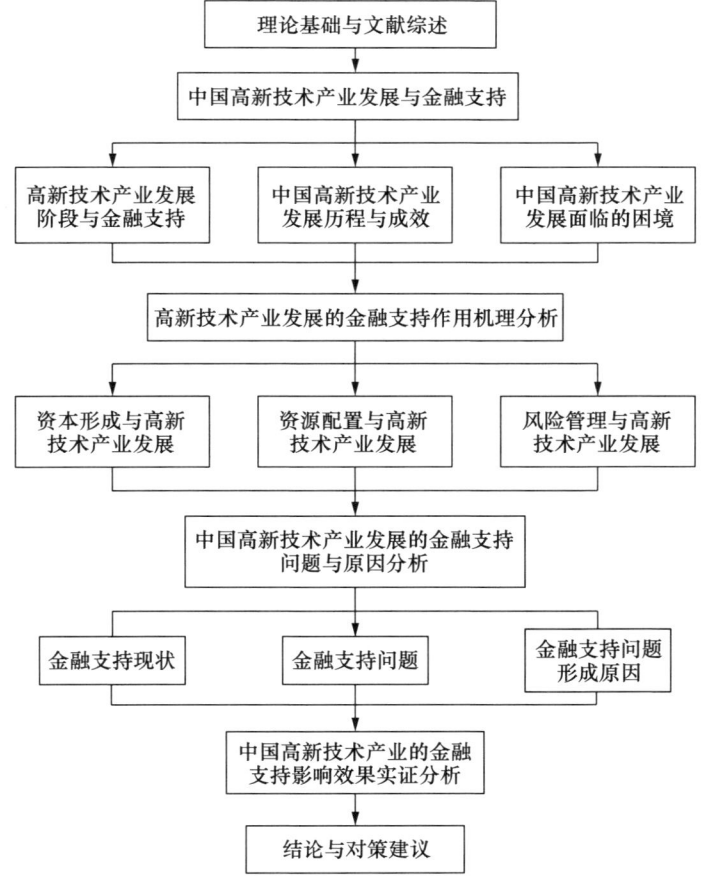

图 1-1 基本研究框架

三 研究方法

（1）定性分析与定量分析相结合。本书对高新技术产业发展阶段与金融支持的关系、金融支持作用机理、金融支持问题形成的原因等进行定性分析。同时广泛搜集数据并进行整理，建立计量模型，对定性分析的结论进行了推断和估计，极大地增强了定性分析结果的可靠性和实证性。

（2）实证分析方法。利用中国高新技术产业上市公司数据构造面板数据，运用 DEA 两阶段模型分析高新技术产业的金融支持影响效果。第一阶段评估相对效率和动态效率，第二阶段以第一阶段的效率值为因变量，以各个环境因素为调节变量，构建 Tobit 模型，评估环境因素对效率值的影响方向和影响强度。

第四节 创新点与不足之处

一 创新点

（1）在研究视角方面，现有文献对金融支持进行了一些理论探讨，专门研究高新技术产业发展的成果也很丰富，但将两者结合起来研究中国高新技术产业与金融支持问题的成果不多。本书从金融支持与高新技术产业发展相结合的视角分析高新技术产业发展问题；在梳理高新技术产业发展与金融支持概念的基础上，探讨高新技术产业发展与金融支持的内在作用机理，形成金融支持条件下产业发展的分析框架。

（2）在研究方法方面，现有文献对高新技术产业发展的金融支持研究以定性分析或模型构建为主，较少进行实证分析。与现有文献不同，本书利用中国高新技术产业上市公司数据构造面板数据，运用DEA两阶段模型分析高新技术产业的金融支持影响效果。在第一阶段评估金融支持的相对效率和动态效率的基础上，第二阶段以效率值为因变量，以影响效率的各个环境因素为调节变量，构建Tobit模型，评估环境因素对效率值的影响方向和影响强度。

（3）在研究结论方面，得出了较为新颖的研究结论。中国高新技术产业发展的金融支持中存在诸多问题，从金融支持的影响效果来看，还有提升和优化的空间。与以往研究得出的结论不同的是，本书得出所属地区与所有制形式对金融支持的影响效果不显著，与公司成立年数呈负相关关系，也就是说公司成立年数越短金融支持影响效果越明显的结论。

二 不足之处

虽然笔者对所选择的研究方向深信不疑，但对于是否达到了预期的研究目标却不敢断言。由于研究条件和个人能力等的局限，本书存在以下不足：

（1）由于缺乏针对性较强的理论支持，对于某一个或几个产业发展的问题，一般集中于产业组织的研究领域，主要研究的是市场结构、市场行为和市场绩效。诸多发达国家由于金融市场发达和资金充裕，企业融资问题主要集中于融资结构理论和企业融资行为、融资方式的分析研究，从产业的角度即中观层面考虑金融发展及其对产业支持的研究成果并不多见。由于发达国家一般不会出现发展中国家面临的资本短缺问题，所以发达国家对于产业发展的金融支持问题的专门研究文献目前还不多见。为此，本书虽然尝试结合金融发展理论、金融发展与经济增长等已有成果，借鉴了发展经济学中的资本形成问题等理论研究成果，但提出的基本分析框架、理论分析以及研究结论仍可能略显粗糙和薄弱。

（2）受选取指标和统计数据不完备性的影响，本书在模型的细化深化方面存在一些不足。系统、全面分析相关的度量指标，不仅关系到金融支持高新技术产业发展内在机制的研究成效，而且直接关系到金融支持高新技术产业关联度模型的科学性与可靠性。本书在综合前人研究的基础上虽然重新进行了筛选和整合，仍难免会存在一些问题。并且金融支持与产业发展的影响效果，不像一般商品生产活动那样易于量化描述。产业发展及其成效是多种因素综合作用的结果，金融支持能在多大程度上决定或贡献于产业发展，具体的量化关系难以准确把握。本书虽然尝试建立了计量模型，但由于受到数据的局限，其推断和估计是粗略的。

第二章

理论基础与文献综述

随着金融在经济发展中的作用得到重视,国内外不少学者关注了金融与经济增长之间的关系,这些理论虽然与高新技术产业发展的金融支持研究并不直接相关,但却与本研究主题间接相关,本书讨论的内容即是以这些研究为理论基础进一步展开的。因此,有必要对这些文献进行进一步的梳理。

第一节 理论基础

一 金融发展理论

金融发展理论以金融发展与经济发展二者之间的关系为主

要研究对象，其研究内容大致涵盖了四个方面：金融发展与经济增长的关系、金融发展与经济结构的关系、金融发展与产业发展的关系、金融发展与经济社会发展的关系。其中金融发展包括了金融工具以及市场规模与结构的发展。

对金融发展理论的深入研究不仅在金融与经济上对发达国家的发展产生了影响，同时在金融体制改革与政策制定方面对发展中国家也产生了深远的影响。麦金农（McKinnon）和肖（Shaw）在其建立的金融理论框架中将经济一分为二，即分为金融和实体两个部门。他们指出，金融部门虽然不会创造财富，但是可以在集聚金融资源中起到重要的作用。

金融发展理论主要分为金融结构理论、金融深化理论以及金融约束理论这三大类。

（一）金融结构理论

金融结构指的是一个国家或地区当前全部的金融工具与金融机构的总和，涵盖了现有的各种金融工具和金融机构的数量规模、经营特征与方式以及各分支机构的集中度。对于金融结构的理论研究主要包括了戈德史密斯的金融结构理论和"金融两分法"下的金融结构理论两方面。以戈德史密斯（R. W. Goldsmith）为代表的金融结构理论认为，金融结构是由各种股权证券和债券等金融工具与金融机构共同构成的，金融机构的相对规模以及经营方式共同决定金融结构的类型。持

"两种金融结构论"的学者,根据企业外源融资渠道将金融结构分为以金融中介为主的银行导向型和以金融市场为主的市场导向型两种。以上两种金融结构理论,从不同的角度分析金融结构,都具有重要的方法论意义。

以 1969 年戈德史密斯提出的金融结构理论为研究基础,经济学家们从多个角度对金融结构进行了比较研究,具体来说,这些研究从理论上可以被划分为银行主导论、市场主导论、金融服务论和法律制度论等。

银行主导论者认为银行业的发展能够促进经济增长或产业发展,认为银行主导型金融结构的资源配置效用比市场主导型金融结构的资源配置效用大。相关的研究主要从交易成本和信息不对称等角度分析,强调银行在信息获取、风险管理、公司治理、资金动员与资源配置等方面更具有优势,而金融市场无法提供与此类似的金融服务,因此不利于资源配置和经济增长。如著名经济学家斯蒂格利茨(Stiglitz,1985)认为,在市场主导型金融结构下,直接融资市场向所有的投资者揭示或公开信息,很容易产生"搭便车"问题,而银行主导型金融结构下,银行不必将获得的信息在公开市场上披露,因而可以有效地避免"搭便车"问题[1]。银行等金融机构将分散的储蓄集中起来,

---

[1] Stiglitz J. E., "Credit Markets and the Control of Capital", *Journal of Money, Credit and Banking*, 1985, 17 (2): 133 – 152.

第二章 理论基础与文献综述

可以避免分散的投资者对借款者的重复监督,在减少借款道德风险上具有规模经济效应(Diamond,1984)。相反,股票市场有较高的流动性,既可以降低投资者的资本退出成本,也可以进一步分散所有权,使得单个股东不能对管理者实施有效监督和激励,而银行主导型金融结构则不存在这一缺陷(Shleifer and Vishny,1986)。银行在对企业管理者进行有效监督的基础上,会承诺随着项目的进展情况追加投资,因此它能为需要分阶段融资的创新活动提供外部资金支持,而股票市场则不具有这一优势(Kang and Stulz,2000)。

市场主导论者的理论研究认为,相对于银行的作用,金融市场对经济增长发挥的积极作用更大。相关的研究基本认为,银行主导型金融结构下,银行对企业产生的影响力比较大(即银行强势),并由此引起一系列的负面效应,而市场主导型金融结构则能通过较强的流动性促进并激励技术创新活动、获取信息,并具有提高公司治理效率等方面的优势。如拉詹(Rajan,1992)的研究指出,银行在获得了企业内部的大量信息之后可以从中获取租金,一方面可以减少企业对有利可图项目的投资,另一方面银行的这一行为也将阻碍企业的创新活动[1]。艾伦和盖尔(Allen and Gale,1999)认为,虽然在正常情况

---

[1] Rajan R. G., "Insiders and Outsiders: The Choice between Informed and Arms - Length Debt", *The Journal of Finance*, 1992, 47 (4): 1367 - 1440.

下，银行在信息收集和处理方面可能更经济或更有效，但在非规则情形或充满不确定性的环境中，银行在信息获取上不占优势，金融市场反而能向投资者提供并传递有效的信息[①]。因此，银行也是自身利益最大化者，如果缺乏必要的限制，在制度不健全的情况下，实力强大的银行则可能与经理层共谋而对其他外部投资者采取不利的举动，使得公司治理不能有效地进行（Wenger and Kaserer，1998）。

金融服务论则是从金融功能的视角对金融结构进行考察，金融服务论者与"金融结构两分法"的研究不同，不提倡将金融结构分为两大市场的二分法的观点（即将银行主导和金融市场主导对立），认为金融中介和金融市场的作用或功能应该是互补的而不是互相替代的，重要的是金融体系功能的发挥，即对经济发展起到的促进或阻碍作用的程度，而不是银行主导型结构还是市场主导型结构的优劣问题。正是由于不同金融结构所提供的金融服务功能在影响效果和有效性上存在差异，其对经济增长的影响表现才会各不相同。因此，研究的关键不在于由银行还是由金融市场提供服务，而在于创造一个能更有效地为经济发展提供服务的环境，并使得二者在提供金融服务时能够发挥各自优势、互相补充以满足企业的融资需求

---

① Allen F. and D. Gale, "Diversity of Opinion and the Financing of New Technologies", *Journal of Financial Intermediation*, 1999, 8 (1-2): 68-89.

(Boyd and Smith，1998）[1]。对于金融体系的功能，莫顿和博迪（Merton and Bodie，1995）认为金融体系具有六大基本功能：清算和支付结算功能、聚集和分配资源功能、转移资源功能、风险管理功能、信息揭示功能和激励功能[2]。莱文（Levine，1997）则进一步将金融系统的主要功能概括为：动员储蓄，配置资源，实施公司控制，促进风险管理，便利货物、服务和契约交换[3]。

提倡法律制度的学者同样反对将银行和金融市场置于对立面来研究，强调法律制度对金融部门所产生的重要影响。法律制度论在金融服务论的基础上进一步指出制度环境特别是法律制度对各国金融结构的形成、金融体系可以提供的服务质量与内容以及其经济绩效都起到了决定性作用。

针对理论上的争执，不少学者试图从实证的角度对上述几种观点进行论证。如莱文（Levine）于 2000 年以跨国数据为基础对不同国家金融结构对其经济的影响进行研究，指出在对经

---

[1] Boyd J. H. and Smith B. D.，"The Evolution of Debt and Equity Markets in Economic Development"，*Economic Theory*，1998，12（3）：519 – 560.

[2] Merton R. C. and Bodie Z.，"A Conceptual Framework for Analyzing the Financial Environment"，in Crane，et al.（Eds.）*The Global Financial System：A Functional Perspective*，Boston：Harvard Business School Press，1995：78 – 137.

[3] Levine R.，"Financial Development and Economic Growth：Views and Agenda"，*Journal of Economic Literature*，1997，35（2）：688 – 726.

济产生影响的因素中金融结构的影响并不显著[①]。而同样利用跨国数据进行研究的 Tadassee（2000）则指出，虽然无法否认在提供金融服务的过程中金融市场与银行存在互补性，但可以明确的是市场主导型与银行主导型金融结构之间存在较为明显的差异。值得一提的是 Beck 和 Levine（2002），其从产业层面分析了金融结构对产业增长的影响，以对银行主导论、市场主导论、金融服务论和法律制度论四种理论观点进行实证检验[②]。Beck 和 Levine（2002）在拉詹和津盖尔斯（Rajan and Zingales，1998）的基础上加入了金融结构指标，其具体模型如下：

$$Growth_{ik} = \alpha C + \beta I + \gamma Share_{ik} + \delta_1 (External_k \cdot FD_i) + \delta_2 (External_k \cdot FS_i) + u_{ik} \quad (2-1)$$

其中，$Growth_{ik}$ 为第 i 个国家第 k 个产业的产业增长率和新企业增长率；$External_k$ 为产业 k 的外部融资依赖程度；$Share_{ik}$ 为期初 k 产业在 i 国制造业中所占的比重；C 和 I 是不同国家和产业的虚拟变量矩阵；FD_i 和 FS_i 为衡量 i 国的金融发展和金融结构的指标。

利用42个国家的36个产业数据，贝克和莱文（Beck and

[①] Levine R., "Bank-Based or Market-Based Financial Systems: Which Is Better", University of Minnesota Mimeo, 2000.

[②] Beck T. and Levine R., "Industry Growth and Capital Allocation: Does Having a Market- or Bank-based System Matter?", *Journal of Financial Economics*, 2002（64）：147-180.

Levine，2002）检验了金融结构是否促进外部依赖性较强的产业增长，是否促进了新企业的增长和资本配置效率的提高。其研究结果拒绝了银行主导论和市场主导论，支持了金融服务论和法律制度论，强调了环境因素的影响效果，那些严重依赖外部资金支持的产业，在金融发展水平较高和保护投资者的法律体系较为健全的经济中，都实现了更快的增长。

（二）金融深化理论

储蓄和投资一直以来都是经济学讨论的两大话题，资本形成要依靠储蓄以及储蓄的汇集，只有储蓄转化为投资，成为金融资本，并产生生产能力，资本才得以形成。金融机构的作用就在于将储蓄转化为投资，集中闲散的储蓄，通过对资金需求者发放贷款将资金进行有效利用来促进经济的增长与产业的发展。"二战"后，受苏联模式或凯恩斯主义的影响，大多数发展中国家实施了计划经济，采取了国有化经济的发展模式，在经济发展的过程中严重忽略了金融体制的重要性。对于发展中国家来说，即使储蓄充足，在不健全的金融体制下或者受到国家对金融体系的严格管制的影响下，充足的储蓄也无法有效地转化为投资或形成有效的生产能力。因此，对于经济发展来说，金融体系的作用非常关键。

金融深化理论的研究是从肖和麦金农开始的，他们分别从各自的角度对经济发展中金融发挥的作用进行了研究，认为完善的金融体系对经济发展起到促进作用，金融政策也因发展程度的不同而效果不同，从而突破了前人的研究。

麦金农通过对发展中国家的金融进行研究发现，发展中国家普遍存在"金融抑制"问题。其原因可归结为，发展中国家政府为了刺激投资，采取管制利率等手段来压低利率，从而抑制储蓄增长。在通货膨胀下实际利率有可能为负值，在这种情况下，人们通常会追求实物形式的积累而导致投资资本的大量减少。麦金农指出，如果要以实物形式进行积累则需要确保不会发生货币贬值且存在收益。其中收益可以通过名义利率和通货膨胀率二者之差进行衡量，二者之差越大表明收益率越高，差值越小则收益率越低。对于发展中国家来说，二者的差值较小甚至可能为负值，在这种情况下，人们不愿意持有货币，导致储蓄与投资无法提高。对于差值较小甚至为负值，可解释为利率压低或通货膨胀率较高或二者并存，即金融抑制。对于发展中国家来说，只有消除金融抑制才可以实现资金的"内源化"，减轻对外部资本长期的过分依赖。麦金农指出，要使利率能够反映资本稀缺程度并且可以调节储蓄与投资杠杆，必须发展金融自由化，而只有通过和贸易自由相配合才能实现金融自由化。政府方面也要制定较为合理的财政与税收政策，将国内资金充分利用起来，摆脱对国外资金的过度依赖，以实现"自力更生"的经济增长。

第二章 理论基础与文献综述

肖则从金融深化的视角对金融与经济发展之间的关系进行了分析。肖指出，影响一国经济发展的不利因素主要有金融浅化、金融资产与国民收入的不合理比率、利率无法反映投资替代消费的机会等。发展中国家金融抑制会减缓金融资产的形成，阻碍存量规模增多及金融资产品种的开发等。这种人为的抑制会使国内金融资产的收益率提高，从而抑制金融需求。在发展中国家，由于各种原因诸如货币当局无法控制名义货币量、反高利贷心理等抑制了储蓄增长，从而刺激了人们对实物资产的追求；另外，那些边际收益较低的项目因为借贷成本较低而变得更加有利可图，一些不合理的投资在这种刺激下得以增长，储蓄的使用效率逐步降低。在项目的投资选择中，资本替代劳动，劳动力就业减少，使得经济的发展受阻。肖提倡以促进经济发展的手段来推行金融深化的实现。原因在于，在一个金融深化程度较高的经济社会中，金融资产存量会得到规模发展，金融资产品种也会不断增多，金融资产在物质资产中的份额也会提高；由于金融深化的原因，储蓄转化为金融资产的效率较高，国内储蓄成为金融资产积累的主要来源，从而避免金融资本的形成过度依赖财政收入和国际资本；金融市场的扩张和金融产品的多样化，为投资者提供更多的选择，并使投资者之间形成有效的竞争，有利于资本的使用效率的提高，并优化投资结构。

可见，金融深化理论是相对于金融抑制理论而提出来的，政府采取的金融政策是金融变量对经济发展影响的关键因素。金融抑制是指央行或货币当局对金融机构进行严格的管制和约束，运用行政手段管理市场准入与退出，对金融机构的经营流程进行控制，对各金融机构的设置和其资金运营的方式、方向、结构和空间布局进行掌控。在金融抑制的社会中，整个经济的货币化程度变得较低，使得金融产业不发达，金融市场集中度较高，金融机构缺乏竞争机制，同时非银行类金融机构的发展处于被压制状态。金融抑制造成金融资产品种单调，不能吸引储蓄者与投资者。

当发展中国家的金融决策部门对利率进行管制时，利率无法准确反映市场上的资金供求关系，也不能辨别资金短缺的特性。现有的理论研究表明，由于多数发展中国家存在对较高的通货膨胀率、名义利率的硬性规定等，实际利率有可能变为负值。如果实际利率为负值，对储蓄没有吸引力，但是资金需求者较多，将会导致在金融机构的信贷配给中发生寻租现象。

政府对金融的过分压制将影响经济发展与金融发展的良性循环，因经济发展的滞后而形成金融制度的落后，并导致金融效率的低下；反过来，金融制度的落后或金融体系的不完善又使经济发展受到阻碍。因而，为形成金融与经济的良性循环，有必要深化金融改革，打破金融市场的垄断，进行利率市场化改革，放松金融管制与束缚，鼓励并引导民营资本从事金融事业，提高储蓄转化为投资的效率，放弃存贷款利率的干预，促进金融资本形成。

金融深化理论的发展，对先前的一般货币理论形成了有效补充，克服了传统的经济发展理论忽略货币金融因素的缺陷，充分肯定了经济发展中金融体制与政策的核心地位，为发展中国家的金融政策制定以及金融改革等提供了理论依据。

（三）金融约束理论

1996年，穆尔多克（Murdock）、斯蒂格利茨（Stiglitz）和赫尔曼（Hellman）等学者在麦金农和肖的金融深化理论基础上，从信息不对称与政府监管的角度，对发展中国家的金融状况进行研究，提出金融约束理论。发展中国家的金融约束问题与金融抑制不同，不是政府对利率上限的严格管制，而是政府对利率上限的适当控制。金融约束理论是介于金融抑制理论与金融自由化理论之间的理论，基本原理为由于发展中国家的金融抑制政策对经济持续增长有阻碍作用，所以应适当放松管制，但由于过度的金融自由化又会导致货币和金融危机，因此应对金融部门进行适当控制。金融自由化是金融深化理论在实践中的应用，但是金融自由化也有可能因为信息不完全而引发货币和金融危机。金融约束并不是与金融自由化完全对立的政策，而是从金融抑制走向金融自由化的过渡政策，在市场失灵的情况下，对于经济转轨过程中的信息不畅以及监管不到位的情况发挥相应的调控作用。

金融约束政策是发展中国家政府所采取的选择性干预政策。金融政策的制定在于为金融和生产部门创造租金，并由企业和金融机构获得成果，以此来刺激金融和产业之间的合力发展。金融抑制使政府部门获取了租金，而金融约束的本质是政府通过在民间部门实施的金融政策创造获取租金的机会，而非直接提供补贴。通过租金的获取，银行等金融机构创造了政策性价值，经营更为稳健，并且进一步控制了企业的贷款风险；银行存贷款业务以及中介职能的范围得以不断扩大，成为政府与金融机构、地区经济发展间的联系因素。

二　金融发展与经济增长理论

在金融发展理论研究的基础上，学者们开始对研究金融发展与经济增长、产业发展的关系投注了更多的精力。人们对货币与金融在经济社会发展中的地位和作用的了解随着经济的发展而不断深入，对这一问题的认识和研究也在不断演变和深化。论述了货币金融在一国经济发展中的积极作用的学者是苏格兰经济学家约翰·罗（John Law）。自西方古典经济学兴起以来，很多学者都对金融与经济增长、经济发展的关系进行了深入研究。

古典经济学创造了"供给自动创造需求"的萨伊定律,其中多数学者提倡货币中性或货币媒介论,普遍认为货币在经济运行过程中只是充当商品交换的媒介以及便利交换的工具,货币数量对物价水平变化产生实质性的影响,但对实际的经济活动不能产生影响。然而,金融活动特别是银行的出现与发展促进了经济的发展。亚当·斯密在《国富论》中指出,谨慎的银行经济活动对一国的产业有增进作用,但并非增加资本而是使大部分本无所用的资本生利。① 古典经济学家的另一个代表人物约翰·穆勒也完全赞同这一理论。

熊彼特对货币金融在经济产业发展中的长期性影响进行了研究,发现银行等金融机构具有信用创造的能力,通过生产要素的新组合来实现创新,特别是在经济发展的初期,银行信用的创造能力不容忽视。此后,学者们围绕这一问题形成了诸多理论,如著名的新古典增长模型与新古典货币增长模型都对货币金融在经济增长过程中的路径与长期性影响进行了详细的分析。

(一)金融发展与经济增长:功能观视角

20世纪90年代形成的第二代金融发展理论将外部性、规模经济与质量阶梯等要素加入模型中,将分析重点转移至金融功能方面,被称为"金融功能说"。

---

① 指的是现代社会中金融中介的资本分配和再分配职能。

在传统阿罗—德布鲁—麦肯齐理论框架下，经济体中不存在信息不对称与交易成本，从而使得金融因素对经济增长的影响可以忽略不计。若将交易成本与摩擦引入，则金融发展对经济增长具有十分重要的作用。

金融发展可以利用搜寻信息与配置资源，监督经营者并实现公司治理，促进交易和套期保值并分散风险，动员储蓄和将储蓄转化为投资，通过降低交易成本促进分工、创新与经济增长，以利资源配置最优。

(二) 金融发展与经济增长：数量与质量传导渠道

金融体系的发展通过更快速的资本积累推动经济增长。金融中介的发展降低了市场摩擦，从而促进了国内储蓄率的提升，并吸引外国资本与投资，在这一过程中资本积累水平提升，进而推动了经济增长。金融市场的完善提高资本积累规模与效率，即金融发展对资本存量的有效利用推动了经济增长。

在金融发展理论研究基础上，一些学者用计量研究方法进行了证明。罗伯特·G.金和莱文（Robtert G. King and Ross Levine, 1993）等学者通过研究发现，金融发展促进资本积累，有助于提高生产率，从而促进经济中人均增长率和经济效率。而金融体系内的股票市场流动性、银行发展水平影响经济增长和资本积累（Ross Levine and Sara Zervos, 1998）。

第二节 文献综述

熊彼特（2008）曾讲道："实际上，我们都是在前人工作的基础上开始我们的研究的，也就是说，我们很少是从头做起的。"这给我们的启示是，做研究最好是"站在巨人的肩膀上"。考虑到研究高新技术产业发展方面的文献较多、时期跨度较大，为了更好地区分不同观点、把握研究脉络，笔者对相关文献进行了分类。

一 国外研究

金融是现代市场经济的核心，在产业发展中有较强的影响力，学术界关于金融发展与产业发展之间各方面问题的研究取得了一定的成果，在金融发展与具体产业的发展关系方面的研究也日益丰富。

从金融发展与高新技术产业的关系来看，两者具有相互促进作用。高新技术产业是国民经济的主导和先导产业，研发投入强度、制度因素等都不同程度地影响高新技术产业的发展，研发强度是技术创新的动力，金融支持的多寡又影响研发投入的多少。

（一）金融发展与产业发展

从20世纪中后期开始，国外学者对金融发展与产业发展的关系进行了系统化、理论化的研究，并普遍认为金融发展对产业的发展有重要的作用。"金融革命"和资本市场的流动性因素是英国工业革命发生的催化剂，其创造了机会，提供了工业革命所需的长期资本，推动了工业革命的发生。通过英国工业革命，先前发明和开发的先进技术被人们发现或利用。因此，金融发展促进了系统的创新，从而引发了工业革命，而不是技术创新（Hicks，1969）。

一个国家或地区的金融发展水平将会影响产业规模及产业集中度等产业发展程度，金融结构的有效改善以及由此带来的金融发展水平的提高，可降低企业获取外部资金的成本，促进该产业领域新企业的进入（Rajan and Zinggaies，1998）。同时，金融市场的发达程度也能体现出一个国家的金融发展程度。与金融市场发展相对落后的国家相比，金融市场发展水平较高的国家对衰退性产业的投入资金相对较少，而对成长性产业的投入资金较为充裕，金融市场的发展程度影响一个经济社会的资源配置效率（Wurgler，2000）。因此，在社会资源的配置中，金融市场起着非常重要的作用，金融市场的发展水平越高，则该国家各产业增长率的关联度越高（Fisman and Love，2003），金融资金将流向具有比较优势的产业；金融发展水平低的国家则相反。

（二）高新技术产业发展的影响因素

高新技术产业的发展受到诸多外部因素的影响，主要有研发和人力资本投入、政府政策以及外商直接投资等。

1. 研发和人力资本投入

对于高新技术产业的发展来说，研发和人力资本投入非常重要，影响高新技术产业的产出规模以及技术创新活动，研发支出与经济增长以及产业发展都具有彼此促进的作用（Walde，2004）。关于研发和人力资本对高新技术产业发展的影响，国外学者主要从以下几个方面进行了研究：

（1）研发支出对产出最大化的影响。有的学者认为研发支出有最优区间，研发支出不足或者过多都会影响产出，研发支出处于最优区间能够使产出最大化（Coccia，2009）。在产业发展初期，研发投入的社会收益因为溢出效应的存在而很可能大于私人收益，从而带来研发投入的不足。反之是研发投入的过剩，由于垄断定价使私人收益大于社会收益，也往往会引发对研发和专利的过度补贴等问题。因此研发投入的数量在溢出效应与垄断定价并存的情况下可能会出现不足或过多的情况，而并非位于平衡增长路径上的最优研发区间（Glachant，2001）。有的学者则加入了市场因素，在研发投入和人力资本积累的增长模型中，通过研究非完全竞争对产出变动的影响得出结论。人力资本在不同部门和活动之间的分配受非完全竞争因素的影响，并对产出产生正向的促进作用。有的学者持有不同的观点，认为研发投入与人力资本投入的增加不一定影响其均衡产出增长，两者之间无明显的相关性（Bucci，2003）。

还有学者从研发投入的规模效应方面展开了研究，认为研发投入短期内决定产出增长但不具有规模效应，而长期来看，产出增长率由外生的人口增长率等其他因素来决定（Charles，2001）。有的学者则认为技术创新对产出增长的影响较为持久，研发投入的边际生产率有递减趋势，不产生规模效应（Freire-Seren，2001）。

（2）研发投入、资本积累与技术吸收能力对产出的影响。研发投入和资本积累对技术创新活动的促进作用可以在很大程度上推动产品创新，而固定资本积累可以对生产过程创新起到推进作用，将新技术投入到新资本品中，同时研发活动也可以增强技术吸收力，将新的技术内部化从而推进产出的进一步增长。研发强度的下降对产出的影响遵循乘数效应，技术的吸收能力对产出增长具有较为重要的作用（Parisi et al.，2002）。吸收能力与研发强度之间存在倒 U 形关系，对于产出的技术弹性的改进，技术吸收能力的影响力较大，研发与技术吸收能力的有效结合促进产出增长（Watanabe，2003）。

(3)研发投入的溢出效应或外部性对产出的影响。在所有行业中,公共研发资本的溢出效应可以有效降低产品的研发成本,提高产出增长以及生产率(Theofanis,1999)。有的学者从公共研发向私人研发溢出的角度分析,认为私人研发对产出的促进作用比公共研发对产出的促进作用大,并且行业间研发的溢出效应会影响产出,在高新技术行业,公共研发对私人研发有溢出作用,对产出有间接影响(Werner,2004)。

(4)研发和人力资本投入对创新活动的影响。国外学者除了研究研发和人力资本投入对产出的影响外,还对研发和人力资本投入对创新活动的影响进行了一系列的研究。认为地理分布和空间效应对技术创新活动有影响,地理上相距越近的企业,研发活动中产生的空间效应越强,互相得到的收益越大;相反,地理上相距越远的企业,产品差别越大,研发和人力资本的投入就越多(Claudio et al.,2004)。可以通过提高教育程度与公共管理水平的方式促进区域之间的溢出效应,并推进各地区的创新活动,同时研发政策与其他政策结合起来也可以有效地改善创新环境,从而促进本地区的技术创新与地区间的技术溢出(Bernardi et al.,2007)。有些学者的观点则相反,认为地理距离的远近并不有利于创新活动的展开,研发投入的地理分布与创新活动之间由于信息成本的上升和研发溢出等外部性原因,呈现倒 U 形关系(Nandini,2010)。

2. 政府政策

高新技术产业发展方面的政府政策主要包括财税政策、金融政策以及其他政策等。

（1）财税政策。关于政府财税政策对高新技术产业发展产生的影响，学者们持有不同的观点。有的学者认为，产出补贴与研发补贴对于高新技术产业带来的影响效果是确定的，这种作用在产业长期增长和短期增长的效应上有所差异（Karolina et al.，1997）；有的学者则认为，公共研发补贴等财政政策也影响高新技术产业的发展，公共研发补贴将会促进私人研发投入的增加，推进新产品开发，从而带来收益（Czarnitzki，2004）。

而有些学者的研究认为，政府的财政政策对高新技术产业的发展作用是不确定的，既有正向影响也有负向影响。财政政策在短期内对高新技术产业的发展有推动作用，但长期内却只能产生有限的作用，甚至政府政策可能因为路径依赖而产生负面效应（Bennis，2006）。

（2）金融政策。风险投资和银行贷款对高新技术产业发展有促进作用，而小型、创新型的公司获取银行贷款的难度较大，但获取风险投资的支持较容易。在政府金融政策的作用下，银行贷款支持创新型小企业，且银行贷款与风险资金都对高新技术产业有促进作用，其中风险资金的效果更为显著（Audretsch et al.，2004）。具体的金融政策包括公共风险资本投资政策、中小企业创新技术补贴贷款,以及技术发展、技术转让、高技术孵化器、产业园区建设等,它们对高新技术产业发展具有促进作用,且效果较为显著(Jenkins et al.,2006)。

(3)其他政策。政府的财税以及金融等政策对高新技术产业的技术创新和产出增长等方面起到促进作用,而其他政策如教育政策或人力资本投入政策等对于高新技术产业的发展也有影响。研发补贴可以促进社会福利增加,同样,对学校和教育的补贴等人力资本政策也能促进高新技术产业产出增长并提高社会福利(Sequeria,2008)。

3. 外商直接投资

对于外资在高新技术产业发展中的作用,学术界有三种观点,即促进论、阻碍论和无效论。

(1)对技术进步的促进作用。外商直接投资与高新技术产业发展之间的研究一直以来都是一个热点问题。学者们通过对加拿大和澳大利亚(Caves,1974)、墨西哥(Blomstrom,1983)、乌拉圭(Kokko,1994,1996)、希腊(Dimelis and Louri,2002)、27个转型经济体(Nicholas Apergis et al.,2008)以及中国、印度、巴西等9个大型发展中国家(Fabio Montobbio and Francesco Ramp,2005)的高新技术产业发展实际情况进行研究发现,外商直接投资能够有效推动东道国技术进步。

(2)对出口的促进作用。诸多学者从高新技术产品的出口角度分析外商直接投资的作用，认为外商直接投资能提高东道国高新技术产业的出口竞争力（Hyungg‐yoon Byun and Yunjong Wang，1996）。同时，他们对韩国高新技术产业与外商直接投资之间的关系进行研究，指出外商直接投资可以对高新技术产品在出口方面的竞争力起到促进作用。

（3）无效论。也有些学者通过研究发现，外商直接投资对东道国的技术进步的影响不明显，作用不显著。如 Haddad 和 Harrison（1993）、Djankov 和 Hokman（1998）、Aitken 和 Harrison（1999）、Blomstrem M. 和 Sjeholm F.（1999）、Sadik 和 Bolbol（2001）、Harris 和 Robinson（2002）等对摩洛哥、捷克、委内瑞拉、印度尼西亚、英国等国家进行研究发现，外商直接投资的技术溢出效应并不显著。

二 国内研究

在国外学者研究的基础上，国内学者对金融发展与产业发展之间的关系以及高新技术产业影响因素方面的研究也有了一定的进展，从多个角度研究金融支持与高新技术产业发展的关系。

（一）金融发展与产业发展

对于金融发展与产业发展之间的关系问题，较早关注并开展研究的学者刘世锦（1996）认为，金融改革和创新的目的是促进产业升级和发展。中国金融结构主要以银行业为主,银行业结构主要以大型国有商业银行为主,集中度较高的结构不利于资源配置。因此,政府部门应通过调整金融结构来影响主要产业的发展,以达到优化升级产业结构的目的(张立军,2002)。

中国资本市场内的资本流动与产业结构调整存在着互动关系,在发展过程中,证券市场推动产业成长(罗美娟,2001),在资本市场中,中国最具经济优势的行业并未得到有效识别与发展,政府的非市场化扶持力度在低成长行业的资本流动中起到了很大的作用(蔡红艳、阎庆民,2004)。

(二) 高新技术产业发展的影响因素

国内学者也对高新技术产业发展的影响因素进行了研究,发现产生影响的主要因素有研发和人力资本投入、政府政策、外商直接投资、制度因素等。

1. 研发和人力资本投入

(1) 高新技术产业生产率的影响研究。高科技产业的研发产出的弹性高于其他行业,研发和人力资本投入的增加,促进生产率的提高,是产出增长的主要因素(吴延兵,2006)。研发经费和研发人员投入与产出存在长期均衡关系,在短期内研发投入的波动导致产出增长的波动,且研发人员投入的产出弹性比研发经费投入的产出弹性大(卢方元,2011)。此外,研发资本积累也有利于高新技术产业生产率的提高（朱有为等，2007）。

王立勇（2008）则通过研究东北三省人力资本和研发投入对产出贡献率，得出物质资本的贡献率高于研发投入的贡献率，但研发投入对潜在产出的影响逐步递增的结论。

（2）研发投入的溢出效应研究。研发和人力资本投入在中国高新技术产业发展中对创新产出有促进作用，而在产业发展过程中，由于研发溢出效应和制度因素等原因，研发投入对创新产出的影响效果会弱化（吴玉鸣，2007）。并且，中国高新技术产业处于研发要素集聚阶段，对周边地区的扩散效应还不明显，但是在专业化集聚的环境下，比如长三角高技术产业中，同质化竞争和过度模仿的现象比较普遍，长三角的本土技术溢出效应呈现弱的负外部性，而上海对江苏和浙江却具有正的技术溢出效应（魏守华、姜宁、吴贵生，2009）。

产业或企业的研发投入具有多种类型，不同类型的研发投入对溢出效应的影响程度和方向也不同（曹泽、李东，2010）。

2. 政府政策

对于政府的财税政策、金融政策等对高新技术产业的影响，国外学者的主流观点对这些政策对高新技术产业的发展具有促进作用。国内学者也对此进行了研究，并取得了一定的进展。

(1) 财税政策。一般情况下财税政策在产业领域起到激励或引导作用,从高新技术产业税收优惠政策的实施效果来看,部分税收优惠政策的激励作用较有限,在其发展过程中起到了减弱甚至阻碍作用(孙伯灿、陈卫东、范柏乃,2001)。

王晓滨、尚志龙、刘炼(2004)认为,我国现行高新技术产业税收优惠政策存在诸如企业增值税税负过重、产品征税界定不明、私人投资优惠不足等问题,应针对性地进行相关政策调整,对税收体系不断进行完善。

柳剑平(2005)将税收优惠与财政补贴两种政策结合起来进行分析,构建了一个三阶段博弈模型。结果表明,为鼓励研发投入和研发活动,在研发溢出程度较高时,政府应给予企业生产和研发补贴;在研发溢出程度较低时,政府应在给予补贴的同时征税,以实现社会需要的研发活动水平。

税收政策通过税收支出、对科技成果转让收入的减免税制度、对科技人员收入的税收优惠政策等促进高新技术产业发展和技术进步(张文春,2006)。

戴晨、刘抬(2008)从矫正外部性和分散研发风险的视角,对财政补贴与税收优惠对企业研发投入的影响机制进行分析,得出结论:财政补贴是事前激励措施,而税收优惠是事后激励措施,在政策反应速度和产业发展引导方面财政补贴更具优势,激励企业研发活动的首要选择应为税收优惠政策。

（2）国内学者关于政府的金融政策方面的研究，将在后面的"高新技术产业发展与金融支持"研究综述部分进行详细说明。

3. 外商直接投资

（1）对技术进步的促进作用。李晓钟、张小蒂（2008）通过对我国五个高新技术产业三资企业的全要素生产率以及索洛剩余和各要素对产出的贡献率进行估算，发现劳动力、资本和技术进步对产出增长的贡献份额在不同企业中存在差异，但总体上看来，我国属于资本投资驱动型增长；蒋殿春、张宇（2006）通过面板数据分析了中国高新技术产业的市场结构及技术差距对跨国公司技术溢出效应产生的影响，指出对于我国高新技术产业来说FDI流入有积极的技术外溢效应。

王红领、李稻葵、冯俊新（2006）则从竞争的视角对溢出效应进行解释，通过对我国企业自主研发的指标的直接测度建立面板数据模型，证明了"促进论"的观点。该观点指出，外资企业通过竞争效应可以对内资企业的自主研发起到促进作用，并能提高技术水平。通过外资企业的加入，市场竞争更为激烈，竞争能力较弱的企业在竞争的过程中被兼并或淘汰，剩余企业得以发展壮大。

张倩肖（2007）以中国高新技术产业中大中型企业的数据（1995—2005年）为基础建立面板数据模型，验证了外资企业研发、技术引进、购买国内技术三种类型的研发溢出与我国本土企业技术创新的关系，指出促进我国企业技术创新的外部力量主要源于外资企业 R&D 溢出，且外资企业 R&D 溢出与我国企业 R&D 活动之间存在互补关系。

钟鸣长、刘新梅（2009）通过对广东和福建数据进行分析指出，各种渠道的技术都存在外溢效应，且与传统产业相比，高新技术产业在某些方面的外溢程度更高。

外资对我国内资高新技术产业五大行业的产值均有正向的溢出效应，在创新影响力方面对航空航天器制造业的影响不显著，而对医药制造业的影响较显著。在创新成果市场化转化能力影响方面，外资对医药制造业、航空航天器制造业以及医疗设备及仪器仪表制造业影响显著，对航空航天器制造业影响最大，而对电子及通信设备制造业以及电子计算机及办公设备制造业影响不显著（李晓钟、何建莹，2012）。

（2）对出口的促进作用。陈春根、杨欢（2012）根据 1996—2010 年数据，对外商直接投资与中国高新技术产业国际竞争力之间的关系进行了量化分析，指出对于中国高新技术产业的国际竞争力来说，外商直接投资有显著的长期和短期均衡影响，但对高新技术五大行业的影响程度不同。

（3）无效论。江小涓等（2000）以北京市外商投资的高新技术企业为例，通过实证研究发现，外资在我国高新技术产业发展中发挥着重要作用，但是技术转移多为非核心技术，核心技术封锁较严。张婧（2002）认为，在我国高新技术产业的发展过程中，外资企业的核心技术封锁较严且对国内企业没有显著促进作用。陈柳、刘志彪（2006）指出，外商直接投资的溢出效应对经济增长贡献较小，需要人力资本与之互动才能起作用。

4. 制度因素

制度因素涵盖的内容较为广泛，不仅包括政治体制、经济政策、发展规划等，还包括语言文化、商业管理、履约效率、政局稳定情况以及政府对经济的干预程度等。在高新技术产业发展中，制度因素起到关键性的作用。

对于高新技术产业来说，产业的核心技术，特别是前沿和战略性高技术是引进不了的，要靠自主创新，而决定高新技术产业自主创新能力的关键是其制度安排（何菊莲、张轲，2010）。在自主创新过程中，由于高新技术产业在中观层面上存在不确定性（如技术研发、生产实现、市场销售、资金投入等），所以，在宏观层面上要求提高资源配置效率、强化激励机制以及降低交易费用，通过自主创新提高产出增长率，客观上存在着制度需求（杜伟，2001）。

史丹、李晓斌（2004）分析了科技投入、人力资本、企业制度等因素对高新技术产业的影响，指出在对高新技术产业发展的影响因素中制度因素影响最大。吴玉鸣（2007）利用实证检验考察了研发投入、产业合作、政府支持和知识溢出对于省域高技术产业创新绩效的作用机制，得出了知识溢出贡献明显的结论，并指出在高技术产业的产学合作与创新体系构建中政府制度安排的重要性。

（三）高新技术产业发展与金融支持

基于国外学者对金融发展与经济发展、产业发展的关系的研究，学者们在金融支持高新技术产业发展等方面取得了较为丰硕的研究成果。

（1）在高新技术产业发展的融资支持问题上，卢振礼（2005）、王新红（2007）针对我国高新技术产业中存在的问题，从产业发展生命周期和融资制度变迁等视角，尝试了多渠道探索产业发展融资模式的创新（包括财政投融资、银行信贷市场、资本证券市场、创业风险投资以及外资利用）和融资制度改革以及效率的提升。巴曙松（2000）和陈柳钦（2008）则通过对高新技术企业融资困境的分析指出，在支持高新技术产业发展方面，不同金融机构或工具的地位和作用不同，并提出相应的建议和设想。

（2）在高新技术产业发展的金融支持方面，傅艳（2003）从产融结合的角度对其机制及有效性进行了理论和实证的研究。马晓霞（2006）和蒋玉洁、徐荣贞（2007）等学者指出，必须构建发达健全的金融支持体系来促进我国高新技术产业的发展，以解除投入不足对高新技术产业自主创新能力提升的制约。谢沛善（2010）则从金融规模、金融结构、金融效率的制度层面研究了高新技术产业发展的金融支持问题。

在金融支持技术创新活动的研究方面，沈能（2008）分析了金融支持技术创新的必要性和支持政策建设等。张玉喜（2006）通过分析产业政策金融支持的影响因素及机理进一步构建了产业政策的金融支持体系，认为科技创新活动需要足够的资金支持，需要科技与金融的结合发展（洪银兴，2011）。

（3）在创业风险投资、资本市场与高新技术产业发展的关系上，基于风险投资的视角，郭励弘（2000）、刘健钧（2004）、周志丹（2008）和张景安（2008）等学者对风险投资对高新技术企业发展的推动作用进行了研究，并提出促进中国创业风险投资事业发展的相应对策；吴晓求（2012）认为，中国创业板市场目前存在九大隐患，如寻找股东突击入股、信息泄露、强烈的套现欲望以及退出机制缺失等扭曲了市场公平原则，影响了市场效率的发挥。

三 总结性评述

综上所述，关于金融发展与产业发展、高新技术产业发展与金融支持方面的研究，国内外已取得了不少的研究成果，但仍然有补充的空间。多数学者从金融体系、金融制度、金融结构、金融效率等视角研究了金融在产业发展中的作用，并对其在具体产业发展中的作用机制等方面进行了详尽的理论研究。对高新技术产业发展的影响因素的研究认为，高新技术产业发展的最主要影响因素是研发投入与人力资本投资，研发投入需要大量的资金，而高新技术产业发展过程中往往会遇到金融支持匮乏等问题。但是目前缺乏从综合角度研究金融与高新技术产业发展的关系的研究。从已有的文献来看，主要是从金融总量规模、金融结构、金融效率以及金融制度等角度考察具体产业发展与金融支持的关系，从金融支持的角度专门考察高新技术产业发展的研究以及对高新技术产业的金融支持影响效果的研究较少。

国内外学者的理论研究与实证研究成果为本书提供了极其重要的理论依据、理论基础以及研究方法，也更加凸显了本书的研究价值。本书将高新技术产业发展与金融支持结合起来，从理论方面分析了金融支持如何作用于高新技术产业发展，并进一步探讨了高新技术产业发展的金融支持影响效果。

第三章

中国高新技术产业发展与金融支持

高新技术产业的发展经历了不同的阶段,每个阶段都有其不同的资金需求,满足这些资金需求的金融支持方式也有所差异。从产出规模和技术创新等方面看,中国高新技术产业发展取得了一定的成效,并呈现逐步发展的趋势,但是在发展过程中面临着内部资金积累有限、外部资金支持不足等困境。

第一节 高新技术产业发展阶段与金融支持

资金在产业发展中起到核心作用,产业的健康持续发展离不开有效的金融支持。而现实经济发展过程中,一般性产业发

第三章　中国高新技术产业发展与金融支持

展面临的资金不足问题,高新技术产业也同样存在,甚至更严重。

高新技术产业经历了不同的发展阶段,所呈现出的资金需求不尽相同,满足这些资金需求的金融支持方式也有所差异。一般来说,高新技术产业的发展过程大致经历了创业阶段、成长阶段、扩张阶段和成熟阶段,每个阶段都有其发展特征,从而决定了高新技术产业资本融资的特点,也决定了其金融需求特点。从一般的投资行为分析,在科技创新的开始阶段,即知识创新阶段,投入的目标关注的是创新的基础性、公益性和公共性,投入主体无疑是以政府财政资金为主;而后期阶段是创新成果市场化阶段,金融资本一般也会积极进入;[①] 中间阶段尤其是将新思想、新发现孵化为新技术阶段应该是最需要资金投入的阶段,而现实中这一阶段恰恰是资金投入严重不足的阶段。总体上看,越是在产业发展的前段,离市场远,投资风险越大,私人投资者越不愿意进入,但投资收益也越高;而随着发展阶段的推进,产业发展所需的资金量也不断增加,需要充足及时的初始及后续资金的支持。

如图 3-1 所示,高新技术产业发展的前两个阶段由于风险较高,故通常由创业者自有资金、政府性金融支持以及数额较

---

① 洪银兴:《科技金融及其培育》,《经济学家》2011 年第 6 期。

小的风险投资资金来支持；后两个阶段由于风险降低以及产业发展趋于稳定，政策性金融机构可以退出，主要由银行信贷、资本市场等完全商业化的金融支持。

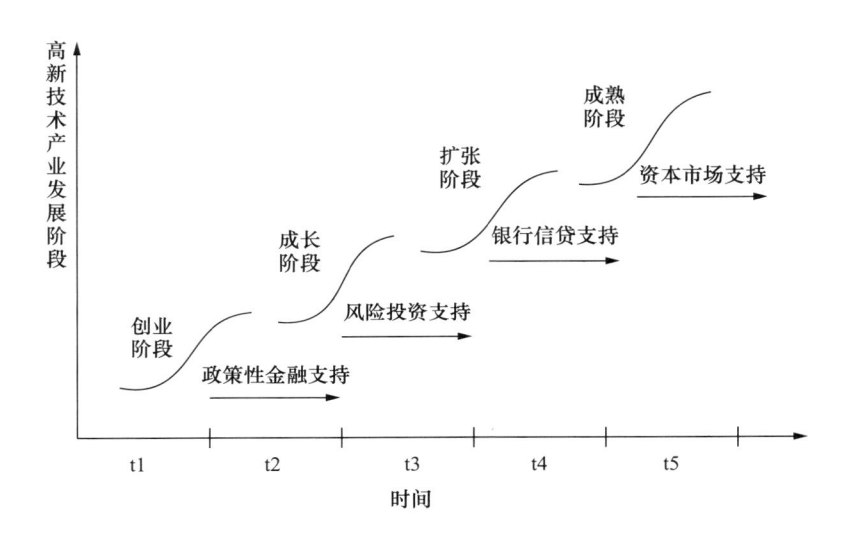

图 3-1 高新技术产业发展阶段与金融支持

一 创业阶段与金融支持

高新技术产业的创业阶段包括种子期（或研发期）和科技成果转化期。在种子期，投资对象仅有产品构想，还没有形成产品原型。因此，产品的发明者或者是创业者需要筹集资金进行产品的研发，以形成雏形的样品或者样机，推出比较完整的工业生产方案。一般来说，这一阶段中的资金需求大多数需要发明者或者创业者自身来承担，风险投资资金介入的比例较低，需要政策性金融的大力支持。

高新技术产业创业阶段的主要任务是实现科技成果转化，完成样品开发工作并形成商品后，应制定企业经营计划，进行产品的试生产、产品市场规划和产品市场开拓。这一发展阶段的企业因需购买生产设备以及进行产品市场和销售渠道开拓，资金需求量是比较大的。因此，创业阶段是实现从样品到"现实商品"的关键跳跃的重要阶段，也是高风险和低收益并存的阶段，资金缺口也最大，投资者的投资行为面临着高风险，而投资收益率较低甚至为零。由于高风险的存在，注重稳健运营的商业银行一般不愿意为其提供贷款支持。因此需要政策性金融等政府引导性资金以及风险投资的支持。政策性金融的支持可以起到引导作用，引导其他方式的金融支持。风险投资资金一般在这一阶段支持高新技术产业，获取股权，显示出较为独特的重要性。风险投资机构的投资与否主要取决于投资对象的经营计划可行性以及产品功能与市场竞争力，因此这一阶段的风险投资基金也称为"创业基金"或"天使基金"。由于风险投资的参与，高新技术企业的资金实力和承担风险的能力都有所增强，获取商业银行适度的信贷支持的可能性增大。

除此之外，这一阶段往往会出现产业资本外源性供给严重不足现象,主要的资金来源还是从产业内部筹措资金,由于少量的政府扶持资金和风险投资的投入难以满足产业发展需求,有时候也从非正规金融①等渠道筹措资金。

二 成长阶段与金融支持

处于成长阶段的高新技术产业,对资金的需求量进一步增大,政策性金融以及少量的商业化金融已经不能满足产业发展的需要。这一阶段产业的技术风险比前一阶段有所降低,不仅有当前的低盈利,而且未来获取高收益的可能性也增大,但在资产规模、现金流量等方面依然难以满足银行的高要求,提供抵押担保贷款的银行等金融机构仍然不愿意提供信贷支持,产业发展资金的主要来源是企业的销售收入。票据融资和应付账款等自有资金和内源性资金供给已经难以满足产业在继续研究开发以及开拓市场和扩大生产等方面的资金需求,产业对外源性资金供给的需求迅速增大。风险投资机构由于"高风险、高收益"投资原则,通常愿意以增资扩股或者股权转让的方式支持比较有潜力的高新技术企业,为其提供产业发展资金、风险管理、科技人才等各种形式的支持,从而与高新技术企业建立"共担风险、共享收益、共同发展"的连带关系。因此,在这

---

① 本书认为,目前民间金融和互联网金融在中国均属于非正规金融。

一阶段，风险投资机构可以较好地满足高新技术产业发展的资金需求。

三　扩张阶段与金融支持

随着产业的日益扩张，高新技术产品已在市场上拥有了一定的基础和信誉，主要技术项目的生产能力也有所提高，产品也开始批量生产，有了一定的资产规模，管理团队也越来越成熟。但是，出于产业发展的需要，有待开发更具竞争力的高新技术产品，并进一步扩大规模，进行市场开发，使产品迅速扩张，在扩大销售量的同时，提高市场占有率，使高新技术产业走向成熟阶段，以获取更多的收益。

扩张阶段的特点是高新技术产业规模得到迅速扩张，技术风险和市场风险已经降低，基本摆脱了产业高风险，实现了较高收益。

随着上一阶段风险投资的进入，高新技术产业获得了快速的发展，企业在生产规模、资产规模以及市场规模等都显著扩大，相比上一阶段，更容易获得银行信贷支持。但是，由于产品更新换代和增加新设备等产业扩张需求，资金需求量还会进一步扩大。同时，多数高新技术企业在获得信贷支持和未来发展前景比较明朗的情况下，不愿意继续通过稀释股权的方式获得资金支持。因此，扩张阶段，政策性金融机构

高新技术产业的金融支持

基本可以退出，银行信贷等商业化金融机构可提供主要金融支持。

四　成熟阶段与金融支持

在高新技术产业发展的成熟阶段，其特点是高收益和低风险并存，重新回归到了传统产业的特点，已经有了比较坚实的产业发展基础，其企业的经营规模与财务状况均在较大程度上接近上市的要求，可以在公开市场筹集资金。由于成熟阶段的高新技术产业有了规模化发展的需要，因而资本需求是巨大的，往往达到成长阶段所需资金的 10 倍以上。但这一阶段，政策性金融完全退出，风险投资机构等商业化投资会进一步加大，风险投资机构的"美化资金"投入会起到包装作用，使企业的财务报表更加美观，以吸引更多的投资者，推动企业的市场份额和社会知名度进一步上升，使企业上市融资的可能性变大。企业上市后，风险投资机构考虑退出，可以转让股份等方式收回前期的投资，并进行下一轮的投资。在成熟阶段，由于风险变小，商业银行贷款等会考虑进入高新技术产业领域。

总之，高新技术产业的发展其实是技术创新和科技成果不断转化为实际产品和服务的过程，经历不同的发展阶段，形成不同的金融需求。为促进高新技术产业的发展，应在其不同的

第三章　中国高新技术产业发展与金融支持

发展阶段提供政策性金融支持、民间借贷以及互联网金融等非正规金融支持，风险投资支持，银行信贷支持以及资本市场支持等不同方式的金融支持。例如政府应主要对创业阶段的高新技术中小企业提供中小企业创新基金等政策性金融支持，同时鼓励非正规金融的合法合理进入，并加强监管；对于成长阶段的企业，应帮助其寻找风险投资，依托商业化的社会资源促进高新技术产业发展；对于成长阶段和扩张阶段的企业，以提供担保服务为主，帮助其获取银行贷款等金融机构的支持；对于成熟阶段的高新技术企业，可以提供以上市中介费补贴为主的支持，促使资本市场为高新技术产业提供有效的服务，根据高新技术产业不同发展阶段的不同金融需求特点，提供可行、有效的金融支持。

第二节　中国高新技术产业发展历程与成效

一　中国高新技术产业发展历程

以信息技术为先导的新技术革命的发生，推动了世界高新技术创新及其产业化的发展。中国高新技术产业是从20世纪

50年代中后期开始逐渐发展起来的，纵观中国的高新技术产业发展历程，大致经历了以下四个阶段：

（一）第一阶段：奠定基础阶段

20世纪五六十年代是中国高新技术的起步阶段，也是打基础的时期。这一阶段的主要特征是开创了高新技术基础性研究工作。1956年，科学规划委员会（即国家科学技术委员会的前身）组织全国600多位科学家和技术专家，着手制定中国第一个中长期的科学发展规划，即《1956年至1967年全国科学技术发展远景规划》，开展了对核技术、喷气技术、无线电技术、计算机技术、半导体技术和自动化技术六个新兴领域的研究，为中国高新技术产业研究奠定了基础。在这一规划的指导下，国家高技术产业部门的研究开发机构完成了基础性工作。在此期间，中国高新技术研究人员重点研究军用高新技术的开发工作，并取得了一定的成果。如喷气式飞机的试飞成功、电子计算机的研制成功、核反应堆的研究和回旋加速器的发明、地对地导弹的发射成功等。这些高科技产品的产生，为高新技术产业的发展奠定了基础。

（二）第二阶段：初步成长阶段

20世纪六七十年代主要开发研究军用高新技术，在航空、核能等少数高新技术领域取得了一定的突破，是世界高新技术飞速发展的"黄金时期"。美国、日本、欧洲等主要发达国家和地区以及包括亚洲"四小龙"在内的新兴工业化国家和地区，高新技术产业发展取得了诸多成果，实现了这些国家和地区的发展强大。在这一背景下，中国的核技术、喷气技术、无线电技术、计算机技术、半导体技术、自动化技术等也趋于成熟。虽然这一期间受到政治因素以及政治活动的影响，高新技术产业的发展存在曲折，但在航空航天、核能高新技术领域仍取得了历史性的突破。比如原子弹爆炸成功，人工合成结晶牛胰岛素，第二代晶体管计算机、核武器与氢弹、人造卫星、核潜艇、返回式遥感卫星、超大规模集成电路研制成功，光纤通信系统等。不过，由于受外部严密封锁和国内科技、经济发展水平不高等影响，从整体上看，除了上述领域，其他领域基本没有得到较快发展。

（三）第三阶段：产业化发展阶段

从 20 世纪 70 年代末到 80 年代末，主要特征是军民结合，大力开发民用高新技术，高新技术开始实现了产业化发展。1978 年 3 月召开的全国科学大会审议通过了《1978—1985 年全国科学技术发展规划纲要（草案）》，确定了重点发展能源科学技术、材料科学技术、电子计算机技术、空间科学技术、高能物理和遗传工程技术等高新技术新领域。在改革开放的新的历史条件下，根据国际环境的变化和经济建设的需要，中国重新调整了发展高新技术的战略方针，把发展高新技术产业化作为重要的战略目标，采取了"军民结合，以民为主"的方针，国家先后制定并实施了一系列推进高新技术发展及产业化的科技计划。例如，1982年的重点科技攻关项目计划，1984年的国家重点实验室建设项目计划和国家重点工业性试验计划，1986年的国家高技术研究计划（简称"863计划"）和"星火计划"，1988年的"火炬计划"、国家工程研究中心建设计划、国家重点产品试制计划、国家重点新产品试产计划和军转民科技计划，等等。这些高新技术研究与发展规划的制定和实施，为高新技术及其产业化发展创造了良好的环境条件，推动了中国高新技术及其产业化的发展。在这样的历史背景下，中国在高新技术领域取得了举世瞩目的成就，如发射运载火箭、酵母丙氨酸转移核糖核酸全分子的人工合成技术、"一箭三星"发射成功、汉字激光照排系统原理性样机的发明、大肠杆菌合成人工干扰素技术、巨型计算机的产生、通信卫星的发射、超导材料的研发成功、同步辐射加速器的发明等。可见，这一时期的中国高新技术的研究开发在一些重点领域取得了重大突破。同时，"星火计划""火炬计划"两个国家重点新产品试产计划和军转民科技计划等的实施，助推了中国高新技术产业的发展。

（四）第四阶段：快速发展阶段

从20世纪90年代至今，是快速实现高新技术发展及产业化阶段。这一阶段，面对国际新技术革命深入发展和经济全球化竞争进一步增强的新形势，国家加强了对高新技术发展规划的实施，在深入实施重点科技攻关计划、"863计划"的同时，又相继在1992年开始实施"攀登计划"，在1997年制定和实施"973计划"（国家重点基础研究发展计划）。"863计划"把生物医药技术、航空航天技术、电子信息技术、激光技术、新能源新材料技术、自动化技术和海洋技术划分为高新技术重点研究与开发领域。在这一背景下，中国在高新技术领域取得了诸多成果，比如长征系列运载火箭、人造卫星的多次成功发射，高性能中央处理器（CPU）芯片的发明，"神舟五号"飞船被送入太空，等等。

为了完成高新技术产业化的战略任务，国家先后制定并实施了一系列推进高新技术成果转化与应用的科技计划，其中主要有"星火计划"、"火炬计划"、国家工程技术研究中心计划以及国家重大科技成果产业化计划等，催生出一大批科研成果，大多数已转化成产品进入国际和国内市场。20世纪90年代以来，中国高新技术产业呈现加速发展的态势。目前中国高新技术产业初具规模，涌现出一批以华为、海尔、奇瑞等为代表的具有自主知识产权、具备竞争优势的企业。

进入21世纪后，中国高新技术产业的创新能力进一步提高，在国际上也有了一定的竞争力。高新技术产业对国民经济的贡献率不断提高，已经成为推动经济增长的重要动力。高新技术产业在技术上也取得了重大突破，例如，在电子信息产业领域有了移动支付、电子阅读器、动漫、触摸屏、LED、3D技术、微型投影、智慧地球、云计算等一系列技术创新；新能源行业的核能、生物质能和太阳能等新能源利用技术不断进步；生物医药行业有了以基因工程为典型代表的生物技术，等等。

二　中国高新技术产业发展成效

经过几十年的发展，中国高新技术产业无论在发展规模还是在技术创新以及研发强度等方面都取得了一定的成效。

（一）发展规模

高新技术产业是国民经济的先导产业，其发展在推进产业结构和经济发展方式转变方面意义重大。从发展历程来看，政府重视高新技术产业的发展，出台高新技术产业发展规划，以及财税、金融、专利保护等政策法规，扶持和培养高新技术产业发展。在这样的背景下，高新技术发展及产业化的战略以及一系列科技计划得到很好的实施，有力地促进了中国高新技术的发展及产业化。

近年来，中国高新技术产业持续超速增长，成为国民经济

第三章 中国高新技术产业发展与金融支持

中增长最快、带动力最强的先导性支柱产业。如图3-2所示，中国高新技术产业的产出规模呈现持续增长态势。1995年，高新技术产业总产值为4098亿元，到2013年主营业务收入达到116049亿元，平均增长速度为19.5%。

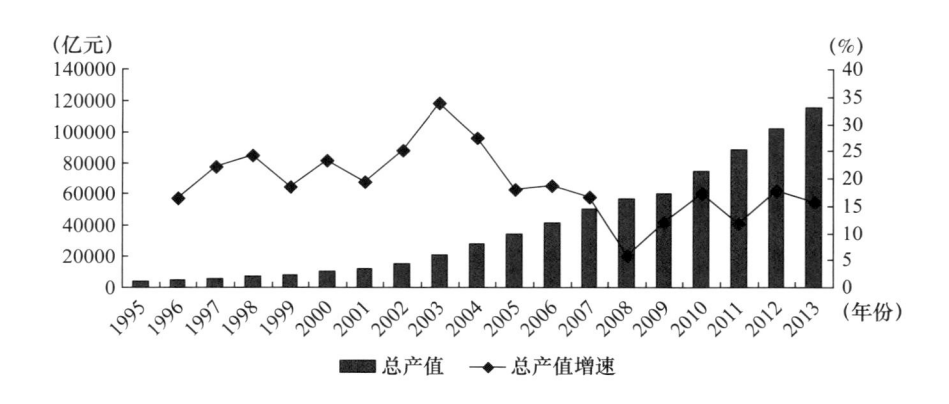

图3-2　1995—2013年中国高新技术产业总产值及增长率

注：①图中总产值是对总产值数据用PPI指数（工业生产价格指数）进行平减后得到的可比价，某些年度与国家科技统计报告中公布的数据稍有偏差，原因在于采用的平减方法有所差异，但是总的变化趋势是一致的。

②由于统计口径的变动，2012年和2013年的高新技术产业总产值数据用当年的主营业务收入替代。

资料来源：根据1996—2014年《中国高技术产业统计年鉴》数据整理而成。

从总产值的增长速度来看，2003年之前，呈现出波动上升的趋势，2003年达到最高点，为33.9%；2003—2008年，增速呈下降趋势，受金融危机的影响，总产值增速在2008年达到最低的5.8%；随着国家各种经济刺激政策的出台，高新技术产业的产值增速又逐渐恢复，2011年达到11.7%，但受到中国经济增长速度放缓压力的影响，2013年高新技术产业总产值又出现了下降趋势，增速为15.7%。

高新技术产业在高端装备制造业总产值中的比例或支撑能力，能表明一个国家高新技术产业的发展水平和竞争力。从中国高新技术产业总产值在制造业中的比重的变化来看，大致可以分为两个阶段（见图3-3）：第一阶段为1995—2003年，高新技术产业总产值在制造业总产值中的比重呈持续上升趋势，

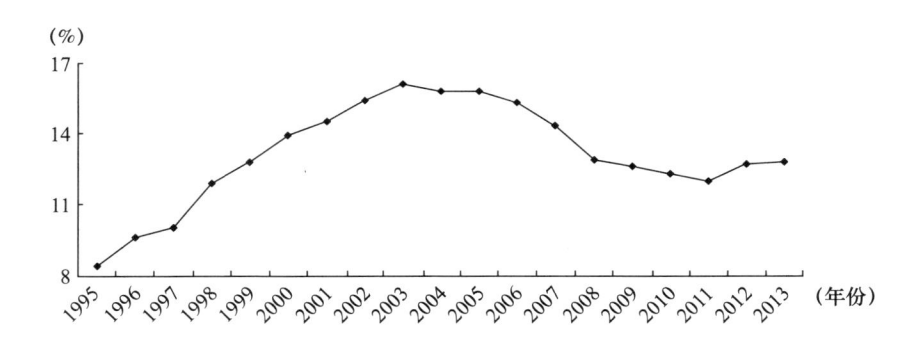

图3-3　1995—2013年中国高新技术产业总产值占制造业总产值的比重

注：2012年和2013年的高新技术产业总产值数据用当年的主营业务收入替代。

资料来源：根据1996—2014年《中国高技术产业统计年鉴》数据整理而成。

从1995年的8.4%上升到2003年的16.1%；第二阶段为2003—2013年，呈波动式的下降趋势，从2003年的16.1%下降到2013年的12.8%，其中2011年最低，为12%，之后2012年、2013年该比重小幅上升。

根据上述分析，2003年之前，中国高新技术产业处于起步阶段，产值增速较快，在制造业总产值中的占比也不断上升。而2003年之后，高新技术产业的产值增长速度放缓。我国于2001年加入WTO以后，由于制造业的劳动密集型特征、中国的劳动力成本优势，以及国内各地的招商引资政策，发达国家制造业不断向中国转移，制造业的其他行业高速发展，使得高新技术产业的比重逐渐下降，特别是2008年金融危机导致这一比重下降速度更快，从2007年的14.3%下降到2011年的12%（见图3-3）。这一趋势也与世界其他国家的发展趋势类似，但总体来看，中国高新技术产业在制造业中的占比低于美国、日本、欧盟等发达国家和地区。

（二）技术创新

技术创新是企业采用创新知识和新技术、新工艺、新生产方式及经营管理模式，或者是提供新服务的过程，也可以认为是把生产要素"新组合"引入生产的过程。

对高新技术产业的发展水平的衡量内容主要包括产业技术

创新能力和产业年度产出两部分。技术创新通常表现为专利的发明和新产品销售收入，本书选取专利授权数和新产品销售收入两个指标来分析中国高新技术产业技术创新的产出规模及变化趋势（见图3-4）。①

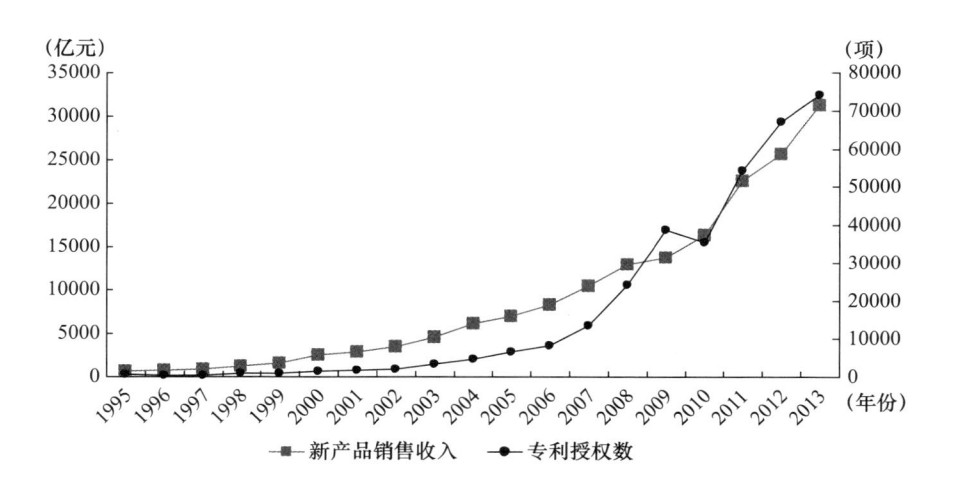

图3-4 中国高新技术产业技术创新产出规模及趋势

注：由于统计口径的变动，2012年和2013年的高新技术产业总产值数据用当年的主营业务收入替代。

资料来源：根据1996—2014年《中国高技术产业统计年鉴》数据整理而成。

---

① 国内有一些学者用专利申请数来测度技术创新情况，但有时候受到利益以及投机心理的驱动，专利申请数中难免有虚假成分，而专利授权数是由国家知识产权局与国家专利局认定的专利数，代表实际的技术创新数量，因此，本书使用专利授权数，而不用专利申请数。

从新产品销售收入和专利授权数来看，中国高新技术产业技术创新的产出规模一直呈现上升趋势（除了 2010 年专利授权数有所下降以外），两者的变化路径基本上一致。以专利授权数为例，1995 年仅为 410 项，2006 年为 8141 项，从 2007 年开始专利授权数量猛增，为 13386 项，2013 年为 74059 项。随着专利的增加，新产品的开发速度加快，新产品销售收入也逐渐增加，从 1995 年的 538 亿元增长到 2013 年的 31229 亿元。

（三）研发强度

近年来，随着中国高新技术产业的总产值和出口总额的快速增长，政府和企业为了提高高新技术产业的技术创新能力和国际竞争力，不断加大 R&D 经费投入力度。到 2012 年，中国高新技术产业 R&D 经费支出规模达到 1491.5 亿元，R&D 经费支出总量已经跃居世界前列，但是研发强度仍达不到世界主要发达国家的水平。2012 年中国高新技术产业的研发强度低于美国（19.74%）、日本（10.5%）、瑞典、芬兰、英国和加拿大等主要发达国家的水平（见表 3-1）。《2014 年全国科研经费投入统计公报》显示，到 2014 年，全国研发投入已达到 2.05%，连续两年超过 2% 的水平。从细分行业来看，航空航天制造业研发强度为 7.28%，虽然落后于美国、意大利、德国、瑞典等国家，但已属于中等水平；而其他行业，如医药制药业，办公、会计和计算机制造业，医疗精密仪器和光学器具

表 3-1　　　　2012 年高技术产业研发强度的国际比较　　　　单位：%

	高技术产业	A1	A2	A3	A4	A5
中国	1.68	7.28	1.6	0.77	1.78	1.99
美国	19.74	18.76	23.63	14.49	21.2	16.17
日本	10.5	2.9	16.4	7.61	8.9	16.98
德国	6.87	8.65	8.27	4.46	6.28	6.28
英国	11.1	10.7	24.92	0.38	7.56	3.63
法国	7.74	5.2	8.69	7.94	12.24	7.08
意大利	3.82	13.43	1.79	1.23	4.48	2.6
加拿大	11.5	6.27	11.88	10.92	14.52	—
西班牙	5.22	6.87	6.25	3.8	3.85	3.24
韩国	5.86	9.02	2.51	3.93	6.65	2.16
瑞典	13.18	12.91	13.44	13.92	14.73	8.99
丹麦	—	—	18.4	5.09	11.49	8.32
挪威	5.67	1.09	5.48	0.85	7.51	5.91
芬兰	11.5	4.81	24.5	2.34	11.76	4.91

注：①研发强度为高新技术产业 R&D 经费内部支出占总产值的比重。

②A1 表示航空航天制造业，A2 表示医药制造业，A3 表示办公、会计和计算机制造业，A4 表示通信制造业，A5 表示医疗精密仪器及光学器具制造业。

③中国为 2012 年数据，美国为 2009 年数据，日本为 2008 年数据，德国、意大利、西班牙、瑞典、挪威和芬兰为 2007 年数据，英国、法国、加拿大、韩国和丹麦为 2006 年数据。

④"—"符号表示数据缺失。

资料来源：根据 2013 年《中国高技术产业统计年鉴》数据整理而成。

制造业等行业的研发强度依然远远落后于主要发达国家的水平，这表明中国高新技术产业的核心竞争力不足，自主创新能力亟待提高。

第三节　中国高新技术产业发展面临的困境

　　高新技术产业的发展阶段不同，需要的金融支持也不同，高新技术产业随着发展阶段的推进，需要越来越多的资金投入，对金融资源的需求也很旺盛。但是现实中，由于高新技术产业高风险的特性，客观存在着产业资本形成不足，经常面临内源融资有限、外源融资不足等困境。产业资本投入不足导致高新技术产业资本形成不足，影响高新技术产业的健康持续发展。

　　高新技术产业各发展阶段的资金来源分为内源融资和外源融资。内源融资也称为内部资金积累，是企业在经营生产活动中将剩余利润转化为自有资本的过程。外源融资分为政府扶持资金和外部资金，是企业从外部得到的资金支持，比如通过政策性金融支持或者银行信贷、风险投资等方式获得的资金支持。

高新技术产业的金融支持

一 面临内部资金积累有限的困境

内部资金积累是高新技术产业各个发展阶段较为重要的资金来源之一。内部资金积累是企业自有资本，是企业经营生产获得利润的转化，可用于扩大再生产，以帮助企业做大做强，实现高新技术产业资本循环和周转。内源融资即资本积累规模，是制约和影响高新技术产业资本积累效率的基本因素。

如前文所分析的，在高新技术产业的各个发展阶段，风险程度和收益水平有很大差异，导致外部支持（外源融资）的方式也大不相同。内部资金积累是高新技术产业创业阶段的主要资金来源之一。由于高新技术产业创业阶段存在高风险，收益也无法确定，甚至可能是血本无归，除了一些政府资金和天使基金外，其他以风险投资为主的股权资本和以银行信贷为主的债券资本等商业性金融，由于信息严重不对称和高风险的存在，不愿意提供资金支持。可见，在高新技术产业的创业阶段，内源融资占了很大比例，是这一阶段重要的融资方式。到了成长阶段，技术项目已经完成了商品的转化，产品上市并初步打开市场，但市场前景不明朗，预期收益也无法预料，产业仍处于高风险低收益并存阶段，由于资产规模和担保等原因很难获得银行贷款的支持，产业发展资本的主要来源依然是企业的自有资本。其实，在这一阶段，产业发展已实现低盈利，并且存在预期高收益的可能，需要大量资金用于产品市场开拓、技术创新以及由此带来的产品的更新换代、经营管理的改进等方面的产业扩张发展。技术风险降低和预期收益可能性的提高，会吸引风险投资等商业性金融的支持，但银行等传统的金融机构贷款由于对风险的规避还是不可能成为主要资金来源。在成熟阶段，高新技术产业基本上已经脱离了高风险的特点，一般情况下大部分企业也已实现高收益，产业的发展具有了一定的稳定性。这一阶段虽然也需要企业内部资金积累作为产业发展资金，但其并不能成为主要资金来源，市场化的、商业化的金融资本将是产业发展重要的资本来源。

综上，随着高新技术产业的发展，外部资金将会逐步增加，从而降低自有资本在产业发展中的比例。高新技术产业的各个发展阶段，内部资金在总资本中所占的比例不同，作用也不同。在创业阶段，内部资金所占的比例最大；随着产业的发展，内部资金的比重将逐步减少。在高新技术产业的创业阶段，最主要的资金来源是内部资金积累，但进入成长阶段以后，内部资金由于自身的局限性可能无法满足产业日益扩张的资金需要。因此，在高新技术产业发展过程中，要拓宽外部资金支持渠道，以弥补内部资金积累的不足。

二 面临外部资金支持不足的困境

（一）政府扶持资金有限

政府扶持资金在高新技术产业发展的前期阶段起到重要的引导作用。政府扶持资金在高新技术产业发展创业阶段的支持，会引导社会资金，主要是风险投资的进入；在成长阶段，政府扶持资金也起到一定的作用，会引来更多的风险投资以及部分银行信贷的支持。但是政府扶持资金的总规模是有限的，并且高新技术产业发展具有长期性特点，决定了政府扶持资金不可能成为高新技术产业每一个发展阶段的主要资金来源，只能对少部分项目予以支持。

从广泛意义上讲，政府扶持资金的针对性较强，是政策性金融的一种表现形式，包括政府直接补贴、政府担保的银行贷款以及贴息贷款、基础研发投资、无偿资助、直接订货以及股份投入等。

2000—2013年，中国高新技术产业R&D经费投入虽然逐年增加，但其中政府资金所占比例逐年下降。R&D经费内部支出额从2000年的111.04亿元增加到2013年的2034.34亿元，增长了17倍多；但是其中政府资金投入非常有限，2000年时仅为17.28亿元，到了2013年为166.35亿元，只增长了近9倍，占R&D经费内部支出的比例从15.6%下降到8.2%。如表3－2所示。

表 3-2　2000—2013 年中国高新技术产业 R&D 经费政府
资金投入情况　　　　单位：亿元,%

年份	R&D 经费内部支出	其中政府资金	政府资金所占比例
2000	111.04	17.28	15.6
2001	157.01	16.60	10.6
2002	186.97	26.15	14.0
2003	222.45	22.85	10.3
2004	292.13	28.39	9.7
2005	362.50	33.88	9.3
2006	456.44	39.10	8.6
2007	545.32	65.04	11.9
2008	655.20	87.88	13.4
2009	892.12	67.10	7.5
2010	967.83	78.42	8.1
2011	1440.91	117.29	8.1
2012	1733.81	145.41	8.4
2013	2034.34	166.35	8.2

资料来源：根据 2001—2014 年《中国高技术产业统计年鉴》数据整理而成。

政府资金是一种转移支付，其本质应该是对社会财富的再分配过程。2000—2013 年，政府投入高新技术产业研发活动的资金所占比例较小并呈下降趋势，可以看出，政府资金并不是高新技术产业长期依赖的资金来源。首先，政府资金主要来源于政府财政收入,提高财政收入需要增加税收,而无法有效动员社会的储蓄资源。财政的收入(主要收入为税收收入)和支出(主要是政府购买和转移支付)是基于全社会资源的再分配,主要通过税收手段,强制性地将部分国民收入集中起来,而无法有效利用零散的社会储蓄。因此,政府资金的供给对产业资本的作用非常有限,再配置到高新技术产业更是微不足道了。其次,政府资金无法适应高新技术产业资本需求的变化。政府资金对产业的投入,目的在于培育和扶持,并发现其价值,但扶持方式和扶持规模比较有限。政府资金受到财政实力和政策取向、财政预算等因素的制约,并且政府支出的重点在民生所需的基础建设以及其他公共事业上,无法大规模地支持高新技术产业。

可见,与市场化的金融支持相比,政府资金有可能缺乏有效的资源配置和监督机制,从而影响其使用效率。政府资金(主要财政收入)主要进行国民收入(社会利益)的再分配,无法有效动员或主导社会储蓄资源,只能起到间接的作用。

(二)外部资金支持不足

企业的外源融资渠道,除了政府扶持资金外,还有银行信贷、发行债券、风险资本的投资等。国家开发银行等政策性银行用间接方式投资高新技术产业,比如通过对高科技创业投资公司贷款的方式进行投资，或者是采用技术援助项目、支持重大科技成果转化和国债项目配套贷款等方式。此外，国家开发银行也利用投资功能，间接参与设立政府引导基金，参与风险投资经营。但是，目前高新技术产业领域内大部分是中小型高科技企业，通过外源融资的途径获得资金支持的机会较少。

从图3-5来看，2000年至2013年中国高新技术产业R&D经费的投入使企业内部支出总额不断上升，从2000年的111.04亿元增加到2013年的2034.34亿元。但是投资增速呈现出波动式下降趋势，2000年为64.4%，之后逐渐下降，到2010年增长率仅为8.5%，2011年回升到48.9%，这与2010年国家4万亿元投资的余力有关。比起R&D经费内部支出，R&D经费外部支持2000年为19.64亿元，2013年为129.62亿元，增长了5倍多，虽然也逐年增加，但与R&D经费内部支出17倍多的增长比起来，相去甚远。R&D经费外部支持增长速度非常缓慢，并且无规律，有些年份高达125.7%（2009年），有些年份却出现连续负增长，2004年和2005年为-8.5%和-9.4%，2006年恢复到64.9%，但到了2007年和2008年，受到金融危机的影响，又出现负增长，分别为-23.3%和-24.8%，2010年再次出现负增长，为-8.6%，2011年恢复到53.5%，2012年和2013年又呈逐步下降趋势。

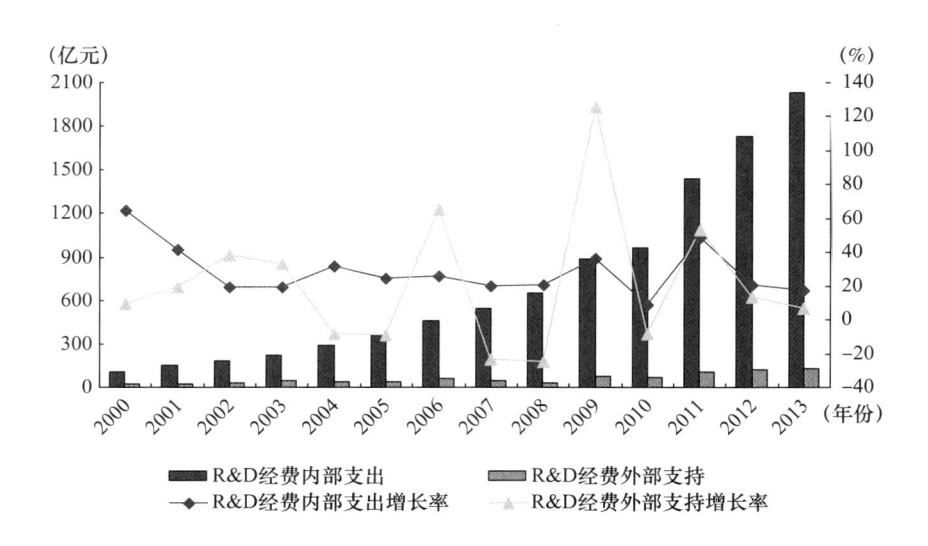

图 3-5　2000—2013 年中国高新技术产业 R&D 经费内部支出与外部支持

资料来源：根据 2001—2014 年《中国高技术产业统计年鉴》数据整理而成。

可以看出，中国高新技术产业在发展过程中，得到的外部资金支持非常少，这与高新技术产业的高风险特征及外部资金来源多数为银行业金融机构有关。中国高新技术产业的发展需要依靠技术创新，但是在技术创新过程中，R&D 经费支持更多地依靠企业内部资金支出，且呈现波动下降的趋势，这显然不利于其发展。

第三章 中国高新技术产业发展与金融支持

第四节 本章小结

高新技术产业的高投资、高风险与高收益等特征显示出它与其他产业的区别。与其他产业相比,高新技术产业不同发展阶段的技术经济特征决定了其金融支持的差异化特征,随着高新技术产业的发展,对金融资金的需求也会扩大。其创业阶段的高新技术产业发展主要以内部资金积累以及政策性金融支持为主,成长阶段的高新技术产业发展主要以风险投资的支持为主,扩张阶段的高新技术产业发展主要以商业信贷支持为主,成熟阶段的高新技术产业发展主要以资本市场的支持为主。产业发展的前期阶段可以借助政府引导资金或风险投资的支持,产业发展的后期阶段可以借助完全商业化的金融支持来满足资金需求。

中国高新技术产业发展历程大致分为:20 世纪五六十年代的奠定基础阶段;20 世纪六七十年代的初步成长阶段;20 世纪 70 年代末到 80 年代末的产业化发展阶段;20 世纪 90 年代至今的快速发展阶段。经过几十年的发展,中国高新技术产业取得了很大的成效,产出规模和技术创新都取得了较大的成绩。但

| 高新技术产业的金融支持 |

目前，研发强度以及技术创新等方面还是落后于世界主要发达国家，高新技术产业发展面临着研发投入的资金大部分来源于内部资金积累，政府资金、外部资金等外源融资不足等诸多困境，影响到高新技术产业的资本形成。

第四章

高新技术产业发展的金融支持作用机理分析

高新技术产业是一种创新主导型产业，具有资本密集型和技术密集型的特性，在每个发展阶段有其不同的金融需求，充分而有效的金融支持是高新技术产业顺利发展的一个重要前提条件。虽然可以通过政府扶持和内源积累的方式筹措资金，但是难以满足其量多面广的资金需求。而金融支持体系的资本形成、资源配置与风险管理等功能的有效发挥，可以促进高新技术产业的发展。其作用机理如图4-1所示。

| 高新技术产业的金融支持 |

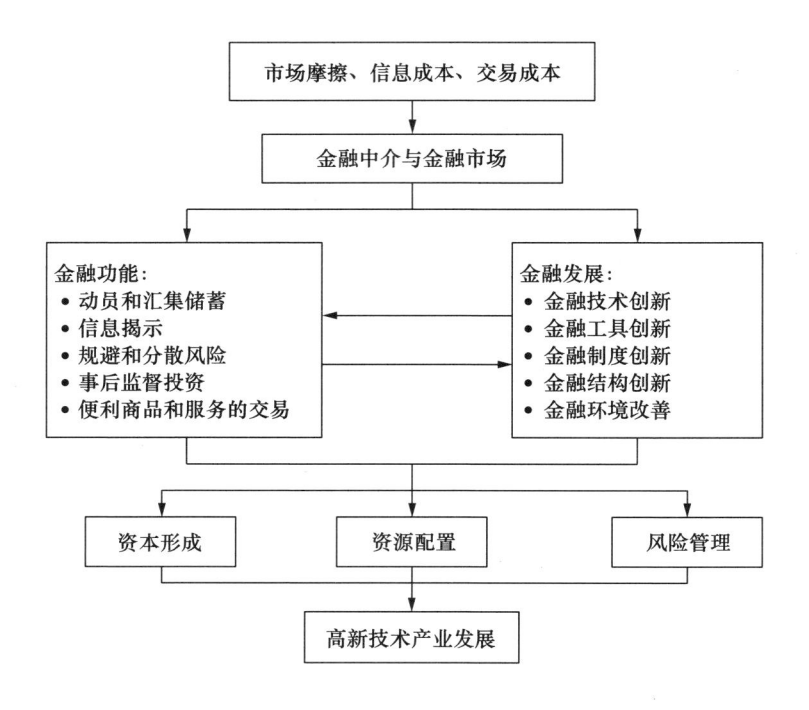

```
                    ┌─────────────────────────────┐
                    │ 市场摩擦、信息成本、交易成本 │
                    └──────────────┬──────────────┘
                                   │
                    ┌──────────────┴──────────────┐
                    │     金融中介与金融市场      │
                    └──────┬───────────────┬──────┘
                           │               │
        ┌──────────────────┴──┐       ┌────┴──────────────────┐
        │ 金融功能：          │       │ 金融发展：            │
        │ • 动员和汇集储蓄    │◄─────►│ • 金融技术创新        │
        │ • 信息揭示          │       │ • 金融工具创新        │
        │ • 规避和分散风险    │       │ • 金融制度创新        │
        │ • 事后监督投资      │       │ • 金融结构创新        │
        │ • 便利商品和服务的交易│     │ • 金融环境改善        │
        └──┬──────────┬──────┘       └──────────┬────────────┘
           │          │                         │
      ┌────┴───┐  ┌──┴─────┐              ┌────┴────┐
      │资本形成│  │资源配置│              │风险管理 │
      └────┬───┘  └───┬────┘              └────┬────┘
                     │
              ┌──────┴───────┐
              │高新技术产业发展│
              └──────────────┘
```

图 4-1　高新技术产业发展的金融支持作用机理

第一节　资本形成与高新技术产业发展

高新技术产业发展离不开资本形成这个基础要素和必要条件。在资本形成的过程当中，金融体系是资本募集的重要媒介

— 80 —

和交易平台,在资本募集过程中发挥着不可替代的关键性作用,也只有金融体系完善和成熟,才可以为高新技术企业提供持续的长期性的资金支持,促进其资本形成。主要体现在以下几个方面:

一是金融体系具有集中储蓄、动员储蓄的功能。金融体系中的各类金融工具和金融衍生品,可以节约交易成本和监督成本,对于需求方而言,还可以为社会闲散资金提供投资渠道。客观而言,发达国家的金融体系在国民经济发展过程中,有效促进了国民储蓄的大规模资金积累,而在社会信用体系不健全和金融发展比较落后的国家或地区,由于政府、企业和居民储蓄意愿和能力很低,再加上金融体系建设不够完善,故而其在集中和动员储蓄方面的功能较弱。

而与此相反,在发达国家的金融体系中,货币储蓄格局表现形式比较多元化。其中一部分是以金融机构为中介的间接储蓄,另一部分是以多样化的金融工具为媒介的金融证券储蓄。由于这种多元化格局的出现,投资者可以根据安全性、流动性和收益性的不同组合,尤其是个人偏好不同而选择不同的储蓄形式或者是选择不同的资产组合。由此可见,完善的金融体系可以为投资者提供非常便利的条件,从而使投资者以较低的搜索成本搜寻资金;同时,金融市场还可以提供各种金融工具价格、预期收益等有关市场规模、市场价格的有用信息。在这样的金融体系下，投资者可以根据自己的风险偏好和资金实力，再结合市场状况和可能的收益状况，在不同的金融工具中选择自己中意的投资收益组合，从而在有效降低投资风险的基础上有效提高自己的投资收益。由此可见，金融体系内金融工具的多样化同样可以提高金融资产的配置效率。

二是金融体系还可以提高储蓄转化投资的效率。成熟的金融体系可以提供更加丰富的金融产品、更加透明的金融信息和更为便捷的金融服务，因此一方面降低了投资者的搜索成本，另一方面可以降低投资者对风险的忧虑，使投资者基于个人对市场风险的判断、自身资金规模、自身风险偏好和预期收益率综合因素的考虑，更迅速地做出投资决策，从而提高社会储蓄转化为投资的效率。

三是金融体系的资金汇集功能，可以有效促进资本向高新技术产业领域集聚。较为发达的金融体系可以有效提高生产的社会化程度和资金集中规模，从而使资金更多流向采用先进技术、能够将最新科技成果转化为先进生产力的产业，促进产业发展。从高科技成果转化率以及先进技术的使用率角度判断，高新技术产业属于具有比较优势的产业，虽然风险相对较高，但也有较高的收益，对资金具有非常强的吸引力，可以有效利用金融体系筹措资金，实现跨越式发展，从而创造更大的市场需求，有效带动相关基础产业和后续产业的发展。

第四章 高新技术产业发展的金融支持作用机理分析

一 资本形成对高新技术产业发展的影响

在经济学发展过程中,经济学家们历来都强调资本的作用。18世纪,亚当·斯密在《国富论》中就深入分析和研究了资本在经济增长中的作用。他指出,在企业生产过程中,有效的分工可以提高劳动生产率,为了实行劳动分工,企业家除需要具有购买厂房、原材料所需资金外,还需要支付工人工资,因此,企业家需要拥有足够的资本存量,资本存量的增加将带动劳动分工的进一步细分。因此,资本存量的大小影响劳动分工,劳动分工影响企业生产效率,从而影响经济增长率水平的高低。马克思在其劳动价值论和剩余价值理论中也强调了资本对生产的重要性。第二次世界大战结束后,西方学者的理论研究也开始重视资本在经济增长中的作用,产生了许多资本形成理论,如哈罗德—多马模型、罗森斯坦·罗丹的大推动理论、罗斯托的"起飞"理论等都对资本形成在经济发展中的作用进行了深入研究,普遍认为资本形成与经济发展和产业发展有密切的关联。

一个经济体系中的资本形成需要经历储蓄→储蓄汇集→投资的过程。从定义上看,储蓄是国民收入经过社会分配后,集中在政府、企业及家庭手中,但同时又经过这三类群体消费以后的资金剩余。储蓄汇集是金融机构或金融市场用各种金融工具把分散在上述三类群体中消费后的资金剩余归集起来的过程；投资则是金融机构将汇集到的资金转化为资本的过程，主要包括购买资本品、增加资本存量等。因此，资本形成首先要有储蓄，没有储蓄就不可能有投资，金融中介和金融市场是资本形成的媒介。

肖和麦金农等学者的金融发展理论和金融深化理论都认为，储蓄和投资的统一需要金融中介的搭桥，而在发展中国家，由于金融体系不完善以及金融体制具有脆弱性等问题的存在，金融中介对社会上的资源的动员、汇集及配置效率往往是较低的，从而影响金融资源的投资规模和投资结构，不能有效地满足经济增长的需要。戈德史密斯的金融结构理论也认为，一个国家的金融结构由相应的金融工具和金融机构组成，并且与经济增长有着密切的联系。

如前所述，高新技术产业自身战略性地位、不同发展阶段的资金需求以及产业化发展等特性决定了资本形成在高科技产业发展过程中必然具有重要意义，高新技术产业不同发展阶段有着不同的规模和方式的资本形成特点。因此，高新技术产业通过自身积累，或者通过金融体系社会资本动员融资而形成的资本积累，都能够促进其发展。但受到投资回报率边际递减规律和技术发展导致原有技术壁垒降低等因素影响，高新技术产业的资本形成能力有可能弱化或下降，成为其发展过程中的瓶颈。主要表现在以下几个方面：

第一，投资回报率的边际递减规律和资源稀缺性。随着经济社会的发展，其对自然资源和社会资源的需求数量也会不断增加，但需求的增加和资源的稀缺性将导致产业资本形成不足，更有可能导致具有高风险的高新技术产业的资本形成不足问题。而且，高新技术产业各发展阶段对资金的需求逐渐增加，必须追加投资，但是追加的投资回报率会呈现递减趋势。

第二，资本有机构成提高幅度不大。研究结果表明，技术创新、资本有机构成、资本扩张这三者之间具有必然的内在联系。高新技术产业的发展需要持续并长期的资本投入，以不断推动技术的进步或创新，提高其资本有机构成比例，使资本不断扩张和深化，从而加深和扩大生产的深度与广度。资本有机构成的提高将会增加对技术创新的投入，这又进一步提高了高新技术产业生产的深度与广度。因此，高新技术产业需要大规模、持续性较强的资本形成来实现自身的发展壮大。

高新技术产业的"高风险"特征影响其资金筹措能力，很容易造成产业扩张速度与资金支持速度的脱节，使高新技术产业面临资本形成不足的问题。因此，要促进高新技术产业资本形成规模，提升资本形成速度与效率，有效发挥其金融体系的功能，积极动员和正确引导社会资源进入高新技术产业。

| 高新技术产业的金融支持 |

二 资本形成对高新技术产业发展的传导机制

在西方发达国家工业化进程中,资本的形成主要通过以下三种机制或渠道来实现:首先是通过行政干预手段或经济策略来吸收农业剩余;其次是运用税收等财政政策进行政府融资,筹措足够的公共资金,并通过公共支出增加资本形成规模;最后是通过金融机构等中介机构或金融市场,动员并汇集储蓄,再将储蓄转化为投资。

金融发展理论认为,发达的金融市场和完善的金融中介是促进资本形成的重要因素。发展中国家的经济发展和产业优化升级离不开健全的金融支持体系,应建立较为完善的金融支持制度,从而有效降低交易成本、增加资本流动性、有效降低或分散风险,以满足高新技术产业发展的资金需求。主要包括以下几个方面的内容:

第一,金融体系的功能有助于提高高新技术产业资本形成的总规模。金融中介或金融市场提供给投资者的是高效而便捷的金融服务,将会降低投资者获取经营者信息的成本,使人们更有安全感从而参与更多的金融活动,可以将一些非生产性或在一定时期内闲置的资金(储蓄)汇集到金融部门,从而为高新技术产业的资本形成提供储蓄基础和资金来源。

第二,金融体系健康发展可以为投资者提供更好的保障和

第四章 高新技术产业发展的金融支持作用机理分析

支持。良好的金融体系能够充分体现市场上的价格关系，优化投资者的投资决策，提高投资者的投资效率，从而在一定程度上提高高新技术产业的资本形成效率。同时，金融产品的创新以及金融工具的多样化，可以有效降低储蓄动员中的信息成本和交易成本，分散市场交易风险，从而提高全社会储蓄规模和投资规模，提高资本形成的总规模，满足高新技术产业的金融需求。

第三，银行等其他金融机构是资金运用的中心，可以有效监督和管理企业资金运用情况及经营决策，及时掌握资金运用的信息，为企业成长提供良好的外部支持环境，分散或降低其风险，有利于资金流向有较高预期收益的高新技术产业部门，促进其资本形成。

第四，由于金融结构及发展阶段不同，资本形成的方式和效率也有差异。发展中国家更多的是采取利率管制的金融抑制政策或金融约束政策，其目的在于动员社会资本，将储蓄转化为投资，用以缓解产业资本形成不足的问题。但由于金融结构不合理，有可能导致资源配置效率低下，引起资本形成不足问题。因此，建立市场化及自由化程度较高、健康成熟的金融体系，不仅可以解决高新技术产业的资本形成不足问题，还可以提高其资本形成的规模，从而提升资本形成效率。

第二节 资源配置与高新技术产业发展

资源配置是金融体系将储蓄转化为投资的过程,其有效性将影响资源配置效率。金融资源在各个产业部门之间的配置状况一方面会影响高新技术产业的发展,另一方面也会影响金融体系自身的发展。

一 资源配置对高新技术产业发展的影响

资源配置问题是西方经济学中重要的研究内容,很多的研究是在这一基础上进行的。从传统经济学概念上看,资源配置是指经济社会用某种方式,使用或配置有限的经济资源,从而满足各种经济主体的发展需要。将有限的经济资源合理地分配到不同的部门,实现稀缺的或相对稀缺的经济资源的有效利用及其价值最大化,有利于经济的发展和财富的增长。

实现资源配置的合理性需要完整的资源配置机制。完整的资源配置机制有调剂功能、生长功能和辐射功能。现代经济社会都希望社会资源能够得到最有效的利用,实现其价值最大化,减少资源的浪费和不合理使用。为此,使资源配置机制发挥其调剂功能尤为重要。通过有效利用技术资源的可再生性，可以推动其对物质资源的替代，可以在社会生产中更多地利用技术资源。资源配置的生长功能可以有效利用技术资源的可再生性，推动已有技术得到充分而有效的利用和推广，促进整个社会的技术进步，推动经济及产业健康快速发展，同时降低对资源和环境的破坏程度。

当有限的经济资源较多地投入到辐射功能比较强的产业中时，大量社会资本就会流向有发展前景和比较优势并有高收益的产业，直到该产业部门的私人收益与社会平均收益水平持平为止。

由于资源要素是高新技术产业赖以生存与发展的基础，资源的配置状况将影响和直接决定高新技术产业的发展速度、发展规模和市场结构。宏观的资源配置的初始配置和再配置功能将对一定时期的产业结构的形成和变化产生影响，资源的初始配置状况形成一定时期的产业结构，而通过资源的再配置功能可以对产业结构进行调整。

二 资源配置对高新技术产业发展的传导机制

在资源配置过程中，资金是资源配置的关键与核心，经济发展和产业发展过程中所需要的各种资金一般都是通过金融体系中的配置机制来完成的，金融中介或是金融市场的资源配置功能在机理与机制方面并不完全相同，有各自的比较优势。金融体系资源配置效率的提高比资本的数量要素的增加更重要。

高新技术产业中金融资源的配置方式或途径有市场化配置和管制性配置两种。市场化配置方式指的是通过市场机制来配置金融资源，金融体系的构成主体为了获取高收益，主动选择具有高收益预期的高新技术产业进行投资，同时承担其风险。管制性配置方式主要是指政府使用强制性行政和法律手段进行干预，进行资源配置，主要将金融资源优先向高新技术产业领域的企业配置和倾斜。实际上，在这个过程中，政府部门还有更多具体干预方式，比如较高的银行业集中度、利率的管制、政策性贷款、准备金制度等，以保证有限的资金被配置到优先发展的产业中。在现实中，计划经济体制的政府对金融资源的垄断程度及使用和分配力度等比非计划经济体制的政府大些。非计划经济体制的政府有时候也运用资金配置制度确保资金被优先配置到具有发展潜力的产业部门。随着金融自由化程度以及发展水平的提高，促进储蓄集中、优化投资配置的各种金融衍生产品及金融工具的种类日益丰富，金融资本对产业资本的影响力也在不断提升，这将大大促进社会对高新技术产业的资源配置效率，从而推动高新技术产业的健康持续发展。金融自由化发展的主要作用不仅仅是动员储蓄，更在于其资源配置效率的提高，它可以更好地改善资本的跨产业部门和跨企业的配置。

高新技术产业的发展，需要较为充裕的、可持续的资金支持，而资金的有效支持有赖于功能完备且结构合理的金融体系。现代金融体系的资源配置功能，可以通过释放信息、减少信息不对称等方式来促进投资和提高投资效率。例如，可以在投资者或资本拥有者进行投资前就释放相关信息，引导社会资金自发流向具有比较优势的高新技术产业，激励高新技术产业加强技术和知识方面的创新力度，提升其市场竞争优势。从社会成本上考虑，金融中介可以有效降低投资者在投资前进行投资决策所需要信息的成本，例如搜索与获取信息及处理信息的成本。单个投资主体搜索及处理信息的成本比较高，所获取的信息有效性不能得到保证，更关键的是这些处理后的信息不能为广大投资者所共享，这实际上也是一种社会资源的巨大浪费。而由专业化金融中介和金融市场组成的金融体系，在搜集和处理信息方面更具优势，并且能将信息资源提供给投资者，并对投资信息和机会进行有效评估，避免因信息不对称产生的社会资源浪费现象，并通过证券组合来提高资本配置效率。

当然，在金融体系将金融资源有效地配置到具有比较优势和竞争优势的高新技术产业中，给对方带来发展机会的同时，金融资本也有机会获得高收益，实现金融部门自身的发展壮大和竞争力的提高。这实际上也是一种双赢，是一种良性互动，可以更大程度地提高宏观层面的经济效率。

资本的趋利性使资源配置尤其注重效率，因此要求实现资源分配的"帕累托最优"状态。在市场和政府管制的共同作用下，金融体系的资源配置效率将会不断提高，将更多的资源配置到高新技术产业领域，从而推动高新技术产业的发展，同时实现金融体系自身的发展。

第三节 风险管理与高新技术产业发展

一 风险管理对高新技术产业发展的影响

高新技术产业具有高风险与高收益的特征，对高风险进行有效管理才能保证获得高收益。由于高风险和投资收益的不确定性，众多投资者不愿意涉及高新技术产业领域，这往往会影响高新技术产业的发展并阻碍高新技术产业技术创新活动的顺利展开。因此，如何降低其风险，对风险进行有效管理、控制或规避，在高新技术产业的各个环节中尤为重要。如果没有金融体系，投资者要么在多个项目上分散投资，要么把多余的资金集中在一个或少数几个项目上。前者需要收集很多信息，成本很高；后者则增加了投资的风险。银行将许多储户的资金聚集在一起，然后投资到多个项目上，可以大大降低每个人所承担的风险。资本市场则可以让投资者很容易地收集信息，因此更容易分散风险。当每个投资者面对的风险下降时，市场上的投资总量就会增加。

金融机构的风险管理功能有助于金融产品的创新以及金融工具的多样化，可以有效降低储蓄动员过程中的信息成本和交易成本，降低市场交易风险，从而提高全社会储蓄和投资规模，提高资本形成的总规模，满足高新技术产业的金融需求。

银行等金融机构是资金运用的中心，可以有效监督和管理企业资金运用情况及经营决策，及时掌握资金运用状况，为企业长期成长提供良好的外部支持环境，分散或降低其风险，有利于资金流向有较高预期收益的高新技术产业部门，从而促进技术创新与高新技术产业的发展。

二 风险管理对高新技术产业发展的传导机制

金融体系通过横向风险分担可以吸引更多的资金投向高风险、高收益的高新技术产业领域，同时，通过金融契约激励和监管创新者的共同努力，实现信贷在相互竞争的技术生产者之间的合理配置，通过风险管理功能的发挥规避高新技术产业的高风险，促进高新技术产业的资本形成，并助其顺利展开技术创新活动。金融体系的风险管理功能可促进高新技术产业发展的资本形成和长期资本投资，促进技术创新以及高新技术产业的发展。

第一，金融体系的风险管理功能有助于高新技术企业治理制度及体系的完善，减少因信息不对称引发道德风险的概率，从而提高高新技术产业的发展效率。金融市场的发展有利于完善对企业经营管理者的监督机制和潜在的接管机制，以管理层持股的方式减少逆向选择并避免道德风险的发生。同时可以利用金融体系的信息揭示功能，使广大投资者能根据股价波动和变化来决定继续持有与否，如果公司经营上存在问题，会在金融市场上有所体现，从而使公司被接管的可能性增大。因此，这样的监督和接管机制将公司所有者与经营者的利益连接起来，有利于降低因委托代理而产生的风险。

第二，金融体系内部的流动性风险管制机制，为高新技术产业长期资本支持提供保障，并有利于技术创新活动。高新技术产业的发展需要大量的长期资本投资。一般情况下，不完善的金融体系中，由于流动性风险较高，储蓄者不愿意放弃对储蓄的控制权，影响储蓄转化为投资，从而影响金融资本的形成。而完善的金融体系可以降低交易成本和市场的不确定性，有效降低流动性风险，鼓励储蓄者放弃对储蓄的控制权，转而持有股票、债券、存款单等形式的金融资产，这些金融资产是具有

第四章　高新技术产业发展的金融支持作用机理分析

流动性的。这种流动性管制机制，能够有效解决长期投资与保留流动性偏好的矛盾，金融体系可以将储蓄转化为流动性资产，将流动性资产转化为长期资本，再将这一长期资本转化为投资，投入高收益项目，为高新技术产业发展提供长期资本支持。因此，高技术、高收益的长期投资项目，往往面临着储蓄者不愿放弃对储蓄的控制权的制约，而影响其资本形成的问题。完善的金融市场能降低金融工具的交易成本和市场的不确定性，降低流动性风险，鼓励储蓄者持有安全性较高的金融产品，解决了储蓄者进行长期投资与保留流动性偏好、风险分散的矛盾。金融体系将这些流动性资产转化为长期资本，投资于非流动性产品的生产过程与高收益项目，促进技术创新，以及高新技术产业发展。希克斯认为，资本市场降低了流动性风险，这是英国工业革命发生的主要原因，因为产业革命头十年生产的产品其实早就发明出来了，但由于缺乏金融支持而无法转化为现实的生产力。资本市场的流动性提供了投资者风险分散、转移的途径和渠道，较好地适应了高新技术产业的高风险、高收益特点。

有些学者从风险分散功能和监管功能角度研究金融发展对技术创新的传导机制，认为金融体系通过横向风险分担能吸引更多的资金投向高风险的高新技术产业领域，并且通过金融契约激励和监管创新者的努力，实现信贷在相互竞争的技术生产者之间的合理配置，促进技术创新（Levine，1991；Fuente，1996）。

第四节 本章小结

本章主要揭示了高新技术产业发展的金融支持作用机理，认为金融体系基于动员和汇集储蓄、信息揭示、实施公司治理等功能的发挥以及自身的技术创新、制度创新、结构优化、环境改善等全方位的发展，通过资本形成、资源配置、风险管理传导机制，作用于高新技术产业的发展。

第一，金融体系利用降低交易成本和信息成本、增加资本的流动性等功能将储蓄转化为投资，将社会闲散资金转化为金融资本，从而促进资本的大规模形成，扩大了高新技术产业所需金融资源的总供给。

第二，金融体系具有高效的资源配置机制，可以根据所获得和处理的信息对有新技术、有潜力的企业家以及发展前景较好的企业进行鉴别和筛选，引导社会资本投入高新技术产业，提高对高新技术产业的资源配置总量，推动高新技术产业的发展以及技术的创新。

第三，金融体系具有较强的风险管理功能，通过对风险分散、公司治理、监管和激励企业管理者等功能的发挥促进高新

第四章　高新技术产业发展的金融支持作用机理分析

技术产业的发展和技术创新活动。

总之，高新技术产业和金融资本的有效结合，可以引导资金流向高新技术产业领域，从而增加对高新技术产业的资源配置总量，推动高新技术产业加强技术创新，提高市场竞争力，从而促进高新技术产业的发展。

第五章

中国高新技术产业发展的金融支持问题与原因分析

本书第三章和第四章提到，一方面，随着高新技术产业的阶段性发展，其对资金的需求量也"水涨船高"，亟须得到金融部门的支持；另一方面，金融体系通过发挥资本形成、资源配置、风险管理等功能，可以有效促进高新技术产业的发展，市场的调节作用正在推动金融部门和高新技术产业的结合发展，两者的结合还处在不断的探索和试错中。中国高新技术产业发展的金融支持现状如何？存在哪些问题？这些问题形成的原因又是什么？本章将对这些问题进行考察，通过对现状和问题的详细分析，找出其原因。

第五章 中国高新技术产业发展的金融支持问题与原因分析

第一节 中国高新技术产业发展的金融支持现状

一 风险投资支持现状

风险投资（Venture Capital），又称创业风险投资或者创业投资，20世纪六七十年代起源于美国，是一种以股权投资方式把资金投入高新技术及其产品的研究开发领域，并承担其高风险，待企业成长壮大后退出，以赚取高额回报的投资方式。风险投资是基于高新技术产业快速发展背景产生的，同时也催生了层出不穷的高技术成果，两者的协调互动发展促进了经济增长（张本照和万伦来，2002）。综观世界各国，风险投资作为发达国家创新体系中不可或缺的组成部分，发展程度较为成熟，对推动高新技术研究开发与产业化发挥了关键作用。比如美国的纳斯达克市场与硅谷因大量风险投资集聚而成为美国高新技术产业孵化基地。英特尔、微软和苹果等世界知名企业的前期阶段的发展都获得过风险投资的大力支持，由于风险投资的进入，这些曾经的中小高新技术企业得到支持并发展壮大。

风险投资是一种全新的投融资方式，是金融体系中的重要组成部分，可以为高新技术产业的发展提供"血液"，是高新技术产业前期发展阶段的重要资金来源。

（一）中国风险投资的投资规模

20世纪80年代中期，风险投资开始在中国发展，风险投资公司和风险投资基金作为风险投资机构，进行风险资本的筹集与使用，是风险投资活动的直接参与者和执行者。到2013年，中国风险投资无论是从机构数量上还是从投资规模上都有所提高。各类风险投资机构数达1408家，比2012年增加了225家，增长率为19.9%，包括风险投资企业（基金）和风险投资管理企业，其中风险投资管理企业全年增加了72家，增幅为9.5%。从风险投资资金规模看，2013年，全国风险投资管理资本总量达3573.9亿元，增长率为7.9%。

受到经济形势的影响，风险投资所投资项目的数量和投资金额有减少趋势。虽然投向高新技术企业的项目数量和投资金额都相对增加，但平均投资强度有所降低，投资阶段也从之前的成熟企业趋向于规模较小的、前期发展阶段的企业。

截至2013年底，全国各类风险投资机构投资项目累计达12149项，其中，一半以上投资于高新技术企业，投资项目数量达6779项，占各类投资项目比重达55.8%。累计投资金额达 2634.1 亿元，相比 2012 年增长了 11.8%。可见，风险投资已在中国得到了相应的发展，对高新技术产业的投资无论是项目数量还是投资金额都在逐步提高。

（二）风险投资对高新技术产业的支持现状

1. 对高新技术行业的投资

一般来说，风险投资比较偏好于企业规模较小却拥有特定的技术创新或新盈利模式，未来发展潜力大，能获取比较高的收益回报的中小型高新技术企业。从风险投资业发展较成熟的美国看，风险投资较为青睐的企业主要有以下特征：一是正在研发或者拥有高新技术；二是拥有引领企业实现高速成长的企业家或者创业家；三是企业规模比较小。从风险投资所投企业分布的行业来看，绝大部分属于科技含量较高的高新技术产业，而传统的制造业只占很小一部分。如美国的半导体、计算机软件硬件业、互联网、生物医药、新能源等高新技术产业，在其发展过程中，都得到了风险投资的大力支持。借助风险投资的积极加入和有效投资，众多高新技术企业得以从小变大、从弱到强，甚至成为闻名全球的大企业，使美国在这些行业获得了举世瞩目的成就，成为世界领先的高科技强国。

中国高新技术产业的发展也得到了风险投资的支持，风险投资在一定程度上促进了高新技术产业的发展。据统计，近些年风险投资对高新技术产业的支持较为明显，尤其是从2010年开始，对互联网、软件、IT、新能源、新材料、新农业、高端装备制造业等行业的支持从无到有的过程是有目共睹的；对医药保健行业的投资呈逐年上升趋势，从2008年的3.68%增长到2012年的5.33%；对IT、节能环保、电信、生物技术等高新技术行业的投资比例在逐年下降。可见，风险投资所投行业呈现出向高新技术产业各行业多元化发展的趋势。

总体而言，2013年中国风险投资的投资行业集中度呈现下降趋势，投资集中度较高的行业由过去的以传统制造业为主逐渐转向生物医疗、互联网等高新技术产业。

其实，中国的风险投资自产生以来，投资较多的还是传统产业，尤其偏好于对传统制造业的投资。但是随着中国经济的不断发展，风险投资的对象也从传统行业逐渐转向高新技术产业。从表5-1来看，2008—2012年中国风险投资对传统制造业的投资金额呈现波动性下降趋势，从2008年的99.38亿元降到2012年的63.23亿元，所占比例（除了2009年及2011年有所上升以外）从2008年的29.41%降低到2012年的6.09%。

电子商务属于现代服务业，这几年在中国的发展速度飞快，之所以得到较好的发展，离不开风险资本的支持。到2012年，

第五章 中国高新技术产业发展的金融支持问题与原因分析

表 5-1　　2008—2012 年中国风险投资资金投向行业分布

单位：亿元，%

行业	2012 年 金额	2012 年 比例	2011 年 金额	2011 年 比例	2010 年 金额	2010 年 比例	2009 年 金额	2009 年 比例	2008 年 金额	2008 年 比例
传统制造业	63.23	6.09	337.3	14.67	90.46	11.43	159.16	50.47	99.38	29.41
互联网	36.67	3.53	303.7	13.21	26.96	3.41	0	0	0	0
医药保健	55.38	5.33	63.43	2.76	141	17.82	8.86	2.81	12.45	3.68
高端装备制造	46.94	4.52	61.27	2.66	7.4	0.94	0	0	0	0
消费及服务	68.27	6.58	195.79	8.52	89.38	11.3	0	0	0	0
软件	13.03	1.25	24.38	1.06	31.1	3.93	0	0	0	0
电子商务	192.92	18.58	232	10.09	59.78	7.55	0	0	0	0
文化传媒	37.83	3.64	27.12	1.18	18.28	2.31	18.9	5.99	32.74	9.69
现代农业	37.63	3.62	94.71	4.12	92.23	11.66	0	0	0	0
化工	18.53	1.78	86.9	3.78	4.21	0.53	0	0	0	0
节能环保	25.89	2.49	45.97	2.00	22.81	2.88	34.99	11.1	22.96	6.79
IT	13.22	1.27	8.49	0.37	0	0	43.29	13.73	84.27	24.94
金融服务	136.69	13.16	444	19.31	35.74	4.52	15.83	5.02	1.36	0.40
通信/电信	31.33	3.02	41.27	1.80	6.7	0.85	7.95	2.52	10.66	3.15
半导体/IC	15.02	1.45	68.35	2.97	11.61	1.47	3.18	1.01	9.14	2.7
建筑/工程	69.74	6.72	34.7	1.51	0	0	0	0	0	0
其他行业	27.61	2.66	28.23	1.23	37.25	4.71	7.75	2.46	39.6	11.72
房地产	46.94	4.52	69.19	3.01	40.8	5.16	0	0	0	0
传统能源	62.28	6.00	16.89	0.73	24.66	3.12	0	0	0	0
教育行业	5.72	0.55	18.72	0.81	0.94	0.12	6.51	2.06	14.34	4.24
生物技术	2.04	0.20	14.83	0.65	5.21	0.66	8.92	2.83	11	3.26
新能源	27.7	2.67	63.82	2.78	30.54	3.86	0	0	0	0
新材料	3.68	0.35	17.99	0.78	14.14	1.79	0	0	0	0
合计	1038.3	100	2299	100	179.2	100	315.34	100	337.9	100

资料来源：根据 2009—2013 年《中国风险投资年鉴》数据整理而成。

风险投资投向电子商务行业的资金额在所有被投资行业里是最高的，达到192.92亿元，比例为18.58%。对医药保健和互联网行业的投资低于传统制造业，2012年分别为55.38亿元和36.67亿元，占比分别为5.33%和3.53%。除此之外，软件、半导体/IC、通信/电信等行业的投资比例也有所增加。

2. 对高新技术行业的投资阶段分布

从投资阶段来看，当前中国的风险资本对高新技术产业发展的支持力度不是很大，多数风险资金不是选择资金缺乏、处于创业期的企业，而是选择在其成长期进行后期投入，呈现明显的投资阶段后移状态，支持效果达不到最优。

图5-1显示，2008—2012年，中国风险投资的投资阶段主要分布在企业的扩张期，2012年投资于扩张期的风险投资比例为37.77%，比2008年有所下降；对创业期企业的投资比例也有下降的趋势，从2008年的7.81%下降到2012年的2.94%，所占比例很小；2010年以后，风险投资热衷于对PIPE的投资，而且投资增长速度非常快，仅仅三年时间就发展到25.95%的比例。而高新技术产业内的企业多数是在创业期更需要资金的投入，这种成长期之后的进入只能起到锦上添花的作用，不能达到雪中送炭的效果，并没有真正发挥风险资本的作用，于产业发展意义不大。

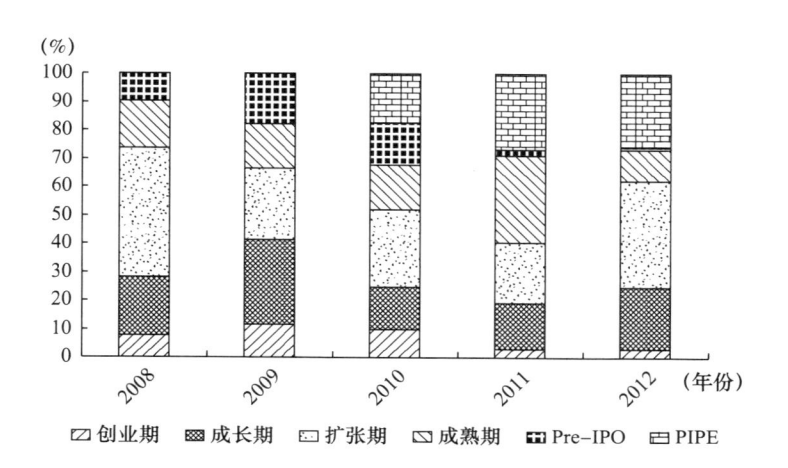

图 5-1　2008—2012 年中国风险投资机构投资阶段分布

资料来源：根据 2009—2013 年《中国风险投资年鉴》数据整理而成。

综上所述，风险投资在中国得到了相应的发展，而且对高新技术产业的投资在项目数量和投资金额上都在逐步提高。虽然投资较多的还是传统制造业，但也呈现出从传统行业逐渐转向高新技术产业的多元化发展趋势。总体来看，当前中国的风险资本对高新技术产业发展的支持力度不是很大，多数风险资金不是选择资金缺乏、处于产业创业期的企业进行投资，而是选择在其产业后期发展阶段进行投资。

二　资本市场支持现状

资本市场以证券市场为主，证券市场是企业进行直接融资的重要场所。根据投资产品的不同,证券市场主要分为股票市场、债券市场以及期货、期权市场等类型,其中,最有活力和最具发展潜力的是股票市场。债券市场对高新技术产业的支持微不足道,而期货、期权市场也难以产生高新技术产品,所以本书将重点考察股票市场对高新技术产业的支持。

根据金融发展理论,金融市场和银行体系会随着经济发展水平的不断提高而相应发展,但是一般来说,金融市场对企业所提供的金融服务较银行体系所提供的金融服务更为直接和重要。在欧美等发达国家,金融市场高度发达,在其支持下的高新技术产业发展也是举世瞩目的。德国和日本等国家曾经都以银行体系为主导,但是随着近年来受到世界范围内银行业混业经营趋势的影响,它们的金融市场体系在高新技术产业发展中逐渐取代银行体系,起到主导作用。

现今,高新技术产业日益成为资本市场支持和投资的主要对象,随着多层次资本市场的建成、发展和日趋规范、成熟,中小板和创业板已经成为高新技术产业企业进入资本市场的又一重要渠道。2009年设立创业板市场之后,证监会发布《关于进一步做好创业板推荐工作的指引》,明确支持信息技术、生物医药、新能源以及新材料等高新技术产业的发展。

(一) 主板市场对高新技术产业的支持

上海证券交易所与深圳证券交易所分别于 1990 年和 1991

第五章 中国高新技术产业发展的金融支持问题与原因分析

年成立。虽然当时建立的初衷主要是服务于国有大中型企业，但是在二十多年不断成长的历程中，为高新技术产业直接融资提供了巨大的支持。

1994年中国第一家高新技术企业首次利用证券市场发行股票进行融资。到1995年，证券市场中高科技上市公司已达29家，占整个上市公司的比例为6.9%，流通市值约占市场总量的7%。自1996年以来，伴随着国民经济的快速增长，中国的经济结构也发生了巨大的变化，高新技术产业在国民经济中的比重迅速增加，与此同时，高新技术企业上市数量也快速增加，到1997年末，中国证券市场中拥有120家具有科技背景及基本特征的企业。相比1994年，上市公司数量涨了4倍，流通市值占市场总量的20%，比1994年提高了186%。1999年3月，中国证监会为了加大对高新技术产业发展的扶持力度，提出若干鼓励支持措施，具体包括：一是实行优先上市。高新技术企业上市不受原有的额度规模限制，并准予优先上市。二是取消企业的所有制限制条件。只要进行股份制改造，各类所有制的高新技术企业均可申请上市。这些优惠政策是自证券市场成立以来第一次对某一行业的支持，极大地鼓励了高科技企业上市的积极性，快速地提高了高科技企业在证券市场上的占比，加快了高科技企业的融资速度，从而加快了高新技术产业发展的步伐。在这样的背景下，到2002年末，中国高新技术上市企业已达到169家，占上市公司总数的13.8%，从1994年到2002年，各类高新技术企业通过沪深两市筹集资金达786亿元，占融资总额的8.96%。

自2001年6月开始，中国证券市场进入了长达4年的低迷期，每年首发上市新股数量骤然减少。但科技型上市企业相对于其他类型企业的上市比重却在不断上升（见表5-2），由2001年的2.78%，增长到2004年的27.4%。这显然能够证明，在股市低迷期，中国证券市场仍对科技型企业给予支持，利用高新技术产业来活跃市场，调整市场结构。

表5-2 2001—2007年中国深沪两市科技型公司主板上市情况

年份	新增科技型上市公司（家）	新增上市公司（家）	比重（%）
2001	6	216	2.78
2002	11	70	15.71
2003	10	67	14.93
2004	20	73	27.4
2005	0	3	0
2006	0	14	0
2007	0	22	0

资料来源：荆娴：《资本市场促进高新技术产业发展》，博士学位论文，东华大学，2011年，第69页。

第五章　中国高新技术产业发展的金融支持问题与原因分析

2005 年开始,由于深圳证券交易所设立中小企业板,主板市场的 IPO 渠道也重点向国民经济基础产业中的科技型大型企业开放,科技型中小企业的上市途径转向中小板。由此,在 2005—2007 年,主板为高新技术产业的 IPO 融资服务告一段落。

(二) 中小板市场对高新技术产业的支持

中小板具有"中国制造业之板"的别称。2010 年 3 月底,中小板 379 家上市公司中有 282 家属于制造业,占比达到 74.4%。[①]

为了解决高新技术企业和高成长性中小企业的资金融通问题以及为风险投资提供退出渠道,从而进一步增加资本市场对高新技术产业的支持力度,2004 年 6 月,深圳证券交易所设立了中小企业板(见表 5 - 3)。

中小板的设立,为高新技术产业的发展提供了新的融资渠道。据深圳证券交易所的数据统计,到 2007 年底,在中小板上市的 270 家企业中,高科技企业有 150 家,占总数的 74.3%;其中 83 家企业有"火炬项目",占 41%。

(三) 创业板市场对高新技术产业的支持

创业板市场(Growth Enterprises Market,GEM)也称二板市

---

① 闻岳春:《创业板现状分析及在我国多层次资本市场中的定位研究》,《上海金融》2013 年第 29 期。

表5-3　2004—2008年深圳证券交易所中小板新增股上市情况

年份	新股上市（家）	募集资金总额（百万元）
2004	38	9108
2005	12	2953
2006	52	16146
2007	100	39091
2008	71	25449
合计	277	92747

资料来源：荆娴：《资本市场促进高新技术产业发展》，博士学位论文，东华大学，2011年，第71页。

场，是主板市场的有效补充，为无法在主板市场上市的高科技企业提供筹资场所。2009年3月1日，中国证券监督管理委员会颁布了《首次公开发行股票并在创业板上市管理暂行办法》，并于当年5月1日起正式实施，10月30日，首批28家企业在深圳创业板市场正式集中挂牌上市。到2010年3月，证监会受理首批创业板申报企业共计149家，主要集中于新材料、生物医药、电子信息、现代服务等行业，占比高达68%；新能源、现代农业、文化教育传媒等新兴行业企业占比约为17%；传统制造业占比仅为15%。上述分布体现了相对均衡和广泛的行业分布特征，与中小企业板以制造业为主的行业分布特征差别较大，突出创业板主要为成长型、科技型、创新型企业服务的市场定位。

根据上述分析得知，随着中国多层次资本市场的形成、发展和日趋规范、成熟，高新技术产业日益成为资本市场支持和投资的主要对象，其中中小板和创业板已经成为高新技术企业进入资本市场的又一重要渠道。

三 银行信贷支持现状

银行业机构对高新技术产业的金融支持主要是通过信贷配置来实现的。银行信贷资金是高新技术产业发展所需资金的主要来源。当前，高新技术产业内的企业多数是创业型高技术中小企业，技术创新所需的研发投资十分依赖外源融资。对于高新技术创业者来说，由于股权融资难度比债券融资难度大，因而高新技术产业在为研发选择外源资金时更青睐于债券融资。但绝大多数高新技术企业不具备在金融市场上发行债券的资格，而银行信贷是外源融资中成本较低的一种，因而银行信贷是高新技术产业主要的融资方式。从中国金融结构的过去与现实发展情况来看，当前银行体系仍然绝对主导着中国金融结构，而且这种结构体系作为中国金融发展的代表，仍会在未来较长一段时间内维持和发展。因此，推动银行体系发展和改革依然是为高新技术产业发展提供金融支持的重要途径。

(一) 中国银行业机构发展概况

改革开放后,中国工商银行、中国农业银行、中国银行和中国建设银行四家国有商业银行相继成立,1986年中国首家股份制银行交通银行成立,1988年第一家上市银行广东发展银行成立,1996年第一家民营银行成立,1995年以后多数地区的商业银行陆续成立,2003—2010年中国银行业完成股份制改革,成功地构建了以四大国有商业银行为主导、多元化竞争的银行体系(见表5-4)。

表5-4　　　　　　　　　中国主要银行成立时间

银行名称	成立或恢复时间	银行类型	备注
工商银行	1984年	国有商业银行	
农业银行	1979年	国有商业银行	
中国银行	1979年	国有商业银行	
建设银行	1979年	国有商业银行	
交通银行	1986年	股份制银行	第一家股份制银行
招商银行	1986年	股份制银行	第二家股份制银行
中信实业银行	1987年	股份制银行	
深圳发展银行	1988年	股份制银行	
广东发展银行	1988年	股份制银行	第一家上市银行
福建兴业银行	1988年	股份制银行	
光大银行	1992年	股份制银行	
华夏银行	1992年	股份制银行	

续表

银行名称	成立或恢复时间	银行类型	备注
上海浦东发展银行	1992 年	股份制银行	第二家上市银行
民生银行	1996 年	股份制银行	民营股份占85%以上
城市商业银行	1995 年后逐步成立	区域性股份制银行	
外资银行	1981 年以后进入		

资料来源：焦谨璞：《中国银行业国际竞争力研究》，中国时代经济出版社2002年版，第67页。

随着银行业改革的不断推进，中国银行业的规模不断壮大，1995年中国所有银行业金融机构的总资产、贷款余额、存款余额分别为100714.09亿元、46141.11亿元、51638.83亿元，2012年则分别达到了662890.27亿元、348309.52亿元、536528.78亿元。由此可见，不论是在资产还是存贷款业务方面，股份制商业银行和城市商业银行的增速都要远快于四大国有商业银行。也正因如此，不同类型银行呈现出不同的市场份额演变规律。

表5-5给出了1995—2012年中国银行业金融机构按资产、贷款余额、存款余额计算的市场份额。从中可以看出，1995—2012年，四大国有商业银行的资产总量、贷款余额、存款余额所占市场份额基本上呈逐年下降趋势，股份制商业银行、城市商业银行则基本上呈逐年上升趋势，而城市信用社、农村信用社和外资银行的市场份额变动不大。

高新技术产业的金融支持

表 5-5　　　　1995—2012 年中国银行业金融机构资产份额　　　　单位:%

年份	四大国有商业银行	股份制商业银行	城市商业银行	城市信用社	农村信用社	外资银行
1995	79.99	7.03	0.13	4.51	6.74	1.59
1996	78.05	7.43	1.79	3.36	7.28	2.08
1997	76.67	8.44	1.88	2.34	8.14	2.53
1998	75.29	8.96	3.85	0.81	8.88	2.21
1999	74.88	10.00	3.87	0.67	8.73	1.85
2000	71.92	10.95	3.94	3.95	7.58	1.66
2001	70.72	13.01	4.76	0.70	8.78	2.03
2002	67.97	14.06	5.50	0.56	10.37	1.52
2003	67.65	12.48	6.16	0.62	11.34	1.75
2004	66.04	13.40	6.26	0.66	11.51	2.14
2005	65.91	14.01	6.39	0.64	10.81	2.24
2006	64.91	14.58	6.95	0.49	10.59	2.48
2007	62.33	16.13	7.43	0.29	11.02	2.79
2008	60.82	16.83	7.89	0.15	11.73	2.57
2009	60.48	17.78	8.57	0.04	11.10	2.04
2010	58.65	19.11	9.12	0.13	11.26	2.14
2011	56.83	20.18	9.79	0.21	11.34	2.03
2012	54.37	20.42	10.07	0.24	12.15	2.32

注:由于 1995 年以前的金融统计数据不全,分析的时间段从 1995 年开始;《中国金融年鉴》2003 年后才有农村商业银行数据,且数额较小,因此将其数据合并到农村信用社数据中。

资料来源:各年《中国金融年鉴》。

第五章 中国高新技术产业发展的金融支持问题与原因分析

虽然股份制商业银行、城市商业银行所占市场份额不断上升，逐步成为银行业市场中极为重要的竞争力量，但从绝对值来看，四大国有商业银行不论是在资产总量还是存贷款业务方面所占市场份额仍拥有绝对的优势，如资产份额占到了整个银行业的50%以上，存贷款业务份额也将近50%，显示出国有商业银行在银行业中仍然具有较强的垄断地位。

由于中国银行业中四大国有商业银行占有绝对的市场优势，同多数研究一样，在运用集中度（CR_n）进行市场结构分析时，银行业集中度用四大国有商业银行规模占全部银行业金融机构规模的比重来表示。具体而言，这些衡量银行规模的指标包括资产总量、贷款余额、存款余额等。现有研究在测度银行业集中度时，主要是针对中国14家主要的商业银行进行，但本书不局限于此，研究范围包括了国有商业银行、股份制商业银行、城市商业银行、外资银行、城市信用社与农村信用社等不同类型的银行业金融机构。

（二）银行信贷对高新技术产业的支持现状

银行通过自身功能的发挥将社会上的闲散资金通过储蓄汇集起来，又将储蓄以信贷的方式投入高新技术产业，推动高新技术产业的发展。因此，银行业机构对高新技术产业的金融支持主要是通过信贷配置来实现的。

从目前的情况来看，中国的金融体系以银行为主导，银行

| 高新技术产业的金融支持 |

信贷依然是国民经济发展中最主要的融资渠道之一。以大型商业银行为例，中国工商银行2010年在高新技术产业和节能减排领域的贷款额超过6.1万亿元，增长幅度超过17%；2010年，中国银行公布并实施了《支持节能减排信贷指引》，将节能环保与清洁能源作为大力支持高新技术产业发展的重点领域，着重支持市场环境相对完善、技术水平较高的行业，以及节能减排效果明显的行业。

从信贷规模上来看，据《中国投资年鉴》（2013）的数据，2012年银行业等金融机构对高新技术产业的贷款总额累计9385亿元。这不仅与高新技术产业巨大的资金需求相去甚远，而且与银行体系所掌握的巨量社会资金相比也是微不足道的。因此，从规模上来看，当前银行体系对高新技术产业的支持是十分不够的。

从投向来看，由于当前中国商业银行体系与政府之间存在密切的联系，银行投向高新技术产业的资金有限，倾向于有政策扶植且具有一定生产规模与技术优势的大型国有骨干企业，对于产业内大量的中小企业、初创型企业的关注度不足。据《中国金融年鉴》统计，2010年金融机构[①]对境内大中小型企业贷款总额为302914.91亿元，比上年增加52855.88亿元；

---

① 金融机构包含中资大型银行、中资中型银行、城市信用合作社、农村信用合作社和外资银行，不含财务公司、租赁公司、汽车金融公司和村镇银行。

第五章 中国高新技术产业发展的金融支持问题与原因分析

其中提供给信息传输、计算机服务和软件业的贷款为1846.39亿元,占贷款总额的0.61%,比上年减少了304.41亿元。

从总体来看,银行业金融机构贷款总额虽然每年都在上涨,但是为高新技术产业提供的贷款无论从总额上还是从比例上来看都微不足道。2011—2012年只有农业银行、工商银行和交通银行三家银行为电子通信及软件行业提供了贷款,占三家银行贷款总额的比例也很小(见表5-6),并且这三家银行对高新技术产业中的其他行业也没有发放贷款。

表 5-6　　　　中国电子通信及软件行业银行贷款情况

单位:百万元,%

年份 \ 银行	农业银行 金额	农业银行 占总贷款比例	工商银行 金额	工商银行 占总贷款比例	交通银行 金额	交通银行 占总贷款比例
2011	14640	0.4	56920	1.1	10195	0.4
2012	20798	0.5	94558	1.6	10080	0.34

资料来源:根据2012—2013年《中国投资年鉴》数据整理而成。

综上所述,银行业机构对高新技术产业的金融支持主要是通过信贷配置来实现的。从中国目前银行业信贷配置现状来看,为高新技术产业提供的贷款额较少,远不能满足高新技术产业发展的资金需求。

四 互联网金融支持现状

如前所述，高新技术产业的发展十分依赖外源融资。作为外源融资的主要供应者，如何改革发展银行业，促进其为高新技术产业发展提供更多的金融支持，是决策者必须考虑的重要课题。而中国银行业的竞争度提升对高新技术产业发展有促进作用，可以缓解高新技术产业的融资约束（石璋铭、谢存旭，2015）。为了进一步提升银行业竞争度，应鼓励民营资本进入银行业，鼓励非正规金融向正规金融转变，并发挥普惠金融的功能，为科技型中小微企业提供金融支持。

科技型中小微企业是高新技术产业领域内的一部分，科技型中小微企业融资难的最根本原因在于银行业与资本市场的信息不对称。互联网金融的出现可以较好地解决科技型中小微企业融资过程中由于信息不对称而导致的逆向选择和道德风险。对科技型中小微企业而言，在融资之前，由于投资者和融资者之间的信息不对称，投资者不能清楚地了解到投资项目的可行性、融资者的诚信状况等，导致投融资链条断裂。而互联网金融则能够通过大数据分析，充分掌握被投资公司经营状况以及经营者的诚信状况。

高科技企业与投资者的信息不对称及其导致的高风险使得传统的资本市场无法向其提供资金支持，因而通过制度创新产生新的融资渠道和工具成为高新技术产业发展的客观要求。互联网金融可以弥补传统金融市场和金融中介的缺陷，符合中央大力发展普惠金融的政策取向，并能解决高新技术中小微企业的普惠金融需求，为其提供资金支持。

（一）互联网金融发展基本情况

高新技术产业是高新技术的产业化，是现代科技成果转化为现实产品和服务的过程。高新技术产业的形成和发展由科技成果、资本（传统资本和风险资本）以及人力资本三个基本要素共同构成，缺一不可。其中，资本要素在由现代科技成果向高新技术产业转化过程中发挥了极为关键的作用，社会资金通过金融机构、金融市场的配置能不能为这个产业创造必要而充分的条件就成为成果能否转化的关键。由于高新技术产业的特殊性，在融资上会遇到很多的障碍和瓶颈，互联网金融的出现恰恰弥补了传统金融机构与金融市场的缺陷，其追逐高利润、承担高风险的特性客观上为高新技术产业的发展提供了必要的和直接的资金支持。

在高新技术产业的创业阶段和成长阶段，由于企业内源融资较少，必须依靠外源融资。互联网金融的发展，一方面提高了金融市场的竞争度，另一方面也为产业的发展带来了更为充足的金融服务。

在中国利率市场化的过程中，互联网金融获得了绝佳的发展机遇。互联网金融是互联网和金融相互融合的新型金融模式，是互联网企业为了更好地服务于电子商务小微企业和消费者而提供的金融服务。

互联网金融的两大核心业务是第三方支付和互联网融资。第三方支付是对传统金融最具挑战性的功能，也是互联网金融最具核心竞争力的功能。互联网融资是借助互联网金融中介平台进行融资的方式。快速发展的互联网金融，为中国中小微企业，特别是电子商务中小微企业带来了融资新机遇，可以为科技型中小微企业提供融资服务。

在中国的强政府模式下，政府在互联网金融发展中发挥着重要的支持和推动作用，并认可互联网金融发展的合理性。党的十八大后的新一届政府，强调发挥市场在资源配置中的决定性作用，不断加大简政放权力度，为互联网金融的发展提供了政策空间。2013年4月，国务院部署的19个金融领域重点研究课题之中就有"互联网金融的发展与监管"；2013年8月，国务院《关于促进信息消费扩大内需的若干意见》提出，要推动互联网金融创新和规范互联网金融服务；2013年10月，"383改革方案"将金融作为重点改革领域之一，鼓励有实力的互联网企业发挥自身独特优势，进入中小微金融领域。大力发展普惠金融是中央支持的互联网金融发展方向，2015年3月5日和2016年3月5日，《政府工作报告》

中分别提出，要"促进互联网健康发展"和"规范互联网金融的发展"。

（二）互联网金融对高新技术产业的支持现状

目前的资本市场直接融资门槛较高，中小微企业很难从资本市场得到资金，新开设的创业板也只能短期内解决少数科技型中小企业的融资问题，作用不大。而中小微企业受生产规模小、生命周期短以及征信体系缺失造成的信息不对称等因素的制约，很难从银行等金融机构得到信贷支持。在这种情况下，中小微企业考虑民间借贷等非正规金融融资成了无奈的选择。然而民间借贷又有风险大、融资成本高等特点。相关数据显示，2013年，在中国4200万家中小企业当中，需要贷款的企业超过3800家，而这其中，因为不能提供抵押物而没有机会获贷的企业占69.73%。[①]

从中小微企业融资视角看，互联网金融有P2P融资、众筹融资、小额贷款融资三种主要模式。其中众筹融资模式的发展为科技项目以及中小微科技型企业的融资带来了机遇。

众筹融资模式是指中小微企业借助互联网平台和社会网络服务平台为其项目向广泛的投资者融资，以股权回报或预购的形式，向公众募集资金。该模式可以分为两种类型，分别是创

---

① 黄海龙：《基于电商平台为核心的互联网金融研究》，《上海金融》2012年第8期。

高新技术产业的金融支持

新项目众筹融资模式和中小微企业的股权众筹融资模式。众筹融资的出现为中小微企业或个人进行某项活动提供了资金支持,为科技型中小微企业的融资提供了一种可能的途径,为其发展提供了金融支持。

美国的 Kickstarter 起步于 2009 年,是全球第一家众筹平台。中国近些年互联网金融的发展速度也很快,随着众筹平台数量的日渐增多,众筹融资为中小微企业和科技创新活动带来了发展机遇。从中国最大的众筹网站"点名时间"于 2011 年成立以来,到 2014 年 9 月止,中国已有 30 家众筹平台(见表 5 - 7),其中主要的 9 个众筹平台已有 327 个项目完成融资,融资金额达到 2921.5 亿元。[1] 比如"天使汇",自 2011 年 11 月成立以来,到 2013 年底,已为 100 多个项目完成融资,融资总额超过 2 亿元人民币,在"天使汇"上注册的创业项目多达 8000 项,通过审核挂牌的企业超过 1000 家,创业者会员超过 22000 位。[2]

由此可见,中国政府从具体的国情出发,大力发展高新技术产业。金融作为现代经济发展的"血液",在市场力量和政府的强力推动下,正在不断探索与高新技术产业的结合模式。

---

[1] 藤田哲雄:《急成長する中国のインターネット金融》,《環太平洋ビジネス情報》2015 年第 15 期。

[2] 芮晓武、刘烈宏:《中国互联网金融发展报告》,社会科学文献出版社 2014 年版,第 43 页。

第五章 中国高新技术产业发展的金融支持问题与原因分析

表 5-7　　支持科技项目的互联网金融众筹平台

众筹平台名称	网站	成立时间	所属公司	所属地区
点名时间	demohour.com	2011年7月	北京点名时间科技有限公司	北京
天使汇	angelcrunch.com	2011年11月	天津盛邦投资有限公司北京投资管理分公司	北京
海色网	highser.com	2012年11月	北京海色信息技术有限公司	北京
大家投	dajiatou.com	2012年12月	深圳市大家投网络科技有限公司	深圳
众筹网	zhongchou.cn	2013年2月	北京东方联合投资管理有限公司	北京
点火网	ditfire.com	2013年2月	点火网络科技有限公司	南京
众投天地	52zhongtou.com	2013年3月	众投天地科技（北京）有限公司	北京
众意网	zhan.renren.com/zhongyiwang8	2013年4月	杭州瓦图投资管理有限公司	杭州
青橘众筹（原中国梦网）	qingju.com	2013年10月	上海众牛互联网金融信息服务有限公司	上海
酷望网	kuhope.com	2013年11月	广州趣蒙动漫科技有限公司	广州
淘宝众筹	hi.taobao.com	2014年3月	阿里巴巴集团	杭州
京东众筹	z.jd.com	2014年7月	京东金融集团	北京

资料来源：黄玲、周勤：《创新驱动、融资约束与科技型小微企业众筹——以点名时间为例》，载中国工业经济学研究会《工业经济学会论文集》，国家会计学院出版社2015年版。

第二节　中国高新技术产业发展的金融支持问题

一　风险投资方面的问题

对于多数高新技术中小企业来说，缺乏足够的生产管理与市场开拓经验会使成功的技术创新难以产业化。风险投资是传统金融服务的弥补方式，其最大的作用是在为处于产业发展初期的高新技术企业提供资金支持的同时提供"管理"服务。风险资本家偏好高度创新项目，出于对项目投资的风险管理与追逐高收益的动机，他们凭借行业经验与积累的市场网络关系，指导并参与高新技术企业的经营管理与市场开拓，从而促进高新技术产业的快速发展。

（一）风险投资对高新技术产业发展的前期阶段投资较少

从美国等国家的发展情况来看，风险投资的经典功能应该是在高新技术产业发展的创业阶段和成长阶段，把资本投向高风险的高新技术及其产品的研究开发领域，完成高新技术成果的商品化和产业化发展，最终取得高收益。风险资本对早期项目的融资及中小企业的发展起着至关重要的作用。

风险投资有着连接科技创新与金融资本的功能，是缓解高新技术产业金融约束的有效手段。与其他金融产品不同的是，风险投资比较注重产业发展的前景或预期收益，多数情况下投资于创新型项目或企业，而且一般投资于产业发展后期阶段，热衷于投资高成长高收益的高新技术产业。

本书通过对风险投资阶段选择倾向的研究发现，投资明显倾向后期阶段，对创业企业早期阶段的投资较少。风险投资的这种急功近利的行为，偏离了风险投资支持高新技术的商品化和产业化发展的功能。这种逆向选择，弱化了风险投资对高新技术产业的筛选培育、长期投资，不利于创业阶段的高新技术产业的培育和发展。

（二）风险投资对高新技术企业股权持有时间较短，存在短期牟利行为

风险投资的经典功能应该是投资于高新技术产业的前期发展阶段，尤其是产业发展的成长期，以获取未来的高收益；会在高新技术企业即将结束高速成长时退出，然后再寻找新的投资项目。风险投资机构的使命是促进产权流动，在流动中实现高额利润。

相对于国外，中国风险投资对高新技术企业股权持有时间普遍较短，说明中国风险投资可能存在短期牟利行为，即在企

业上市前才"突袭"投资（帮助企业 IPO 上市），并没有推动科技型中小企业的发展（韩永辉等，2013）。

如表 5-8、图 5-2 和图 5-3 所示，中国风险投资以各种方式退出项目的数量自 2005 年后逐年下降，从 2005 年的 553 项，降到了 2012 年的 94 项，这表明风险投资规模呈缩小趋势；从退出方式上看，以股权转让方式退出的项目数从 2005 年的 309 项，减少到 2012 年的 71 项，比例从 2005 年的 55.9% 增长到 2012 年的 75.53%；以上市交易方式退出的项目数从 2005 年的 183 项减少到 2012 年的 20 项，比例从 33.1% 降到 21.28%，可见风险投资的退出越来越青睐于股权转让的方式。

表 5-8　　2005—2012 年中国风险投资退出项目数及占比

年份	退出项目数和比例	股权转让	上市交易	清算	合计
2005	项目数（项）	309	183	61	553
	比例（%）	55.9	33.1	11.0	100.0
2006	项目数（项）	72	37	7	116
	比例（%）	62.07	31.9	3.85	100.0
2007	项目数（项）	98	77	7	182
	比例（%）	53.85	42.31	3.85	100.0
2008	项目数（项）	58	18	1	77
	比例（%）	75.32	23.28	1.3	100.0

第五章 中国高新技术产业发展的金融支持问题与原因分析

续表

年份	退出项目数和比例	股权转让	上市交易	清算	合计
2009	项目数（项）	114	49	10	173
	比例（%）	65.9	28.32	5.78	100.0
2010	项目数（项）	112	57	1	170
	比例（%）	65.88	33.53	0.59	100.0
2011	项目数（项）	104	49	3	156
	比例（%）	66.67	31.41	1.92	100.0
2012	项目数（项）	71	20	3	94
	比例（%）	75.53	21.28	3.19	100.0

资料来源：根据2006—2013年《中国风险投资年鉴》数据整理而成。

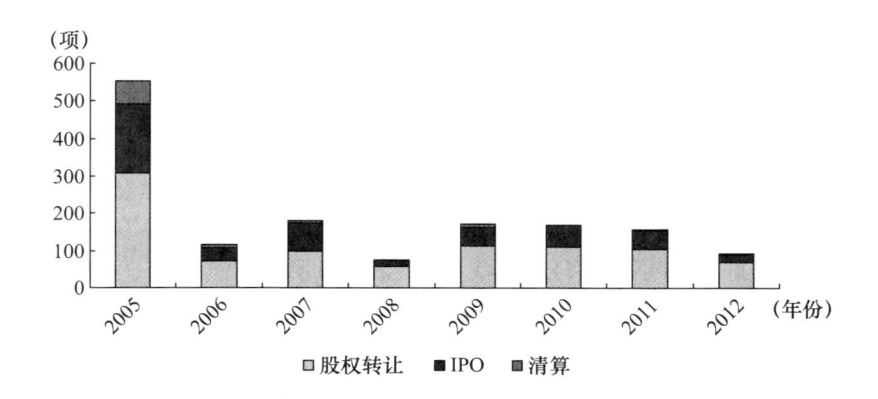

图 5-2　2005—2012年中国风险投资退出方式项目数

资料来源：根据2006—2013年《中国风险投资年鉴》数据整理而成。

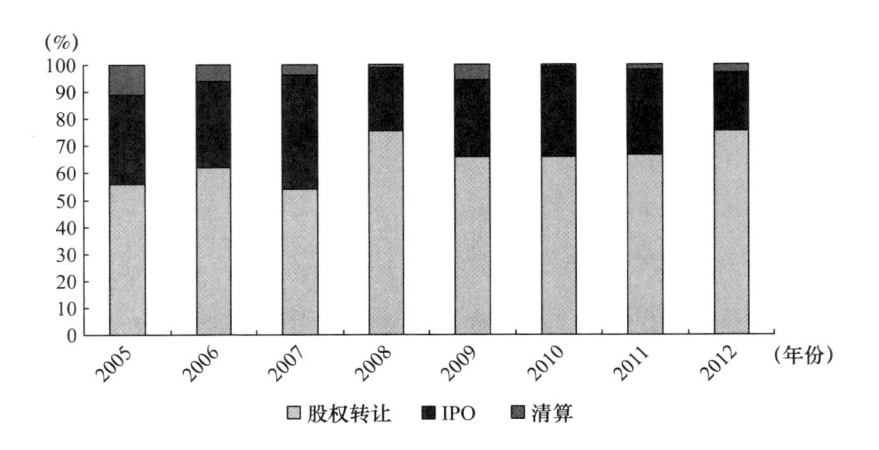

图 5-3　2005—2012 年中国风险投资退出方式项目比重

资料来源：根据 2006—2013 年《中国风险投资年鉴》数据整理而成。

二　资本市场方面的问题

资本市场为高新技术产业提供支持的过程中存在的规模歧视、板块功能定位模糊、场外交易市场与债券市场发展滞后等问题，影响高新技术产业在资本市场上获取金融支持的程度。

（一）资本市场发展不平衡，不能满足大量科技型中小企业的融资需求

中国的多层次资本市场由主板、中小板、创业板和场外报价转让市场构成。但是从目前的发展情况来看，现行的股票市场存在"重大轻小"的规模歧视，各个层次的股票市场板块功

能定位大同小异，致使大型企业上市融资较为简单，中小企业上市融资的难度较大。场外交易市场相应的制度建设滞后以及债券市场的发展缓慢等问题的存在，严重影响了资本市场对大量科技型中小企业的直接融资支持，也使得高新技术产业中大量科技型中小企业的股权交易需求不能得到有效满足。

最初设立中小板的目的是解决广大中小企业的上市融资困难问题，但是，目前中小板的实际运行情况与主板的差别较小，在上市标准等方面主板化现象较突出。

（二）适合高新技术产业特点的证券类金融技术和产品缺乏

从目前资本市场的发展情况来看，由于金融技术和产品的种类较为单一，投资者无法根据收益高低、风险厌恶偏好、投资偏好来选择不同的金融产品，持有证券类金融资产的投资者较少。在证券市场，高新技术企业的选择空间也较为狭窄，形成了对银行信贷的依赖，导致金融资源的极大浪费和金融风险的积累。另外，适用于早期发展阶段的科技创新型企业的债券产品类型不多，与高新技术产业发展的需求不匹配。

总之，多层次资本市场的不平衡发展，形成了创业板市场错误的定位以及信贷产品和证券产品种类的缺乏，影响了资本市场对高新技术产业发展的支持效率。

三　银行信贷方面的问题

在中国当前的金融结构中，银行业机构处于主导地位。但现行的银行体系还不能解决科技型中小企业等多层次市场主体的金融支持问题。

国有商业银行的市场集中度过高，必然导致商业银行无法脱离政府而独立存在，政府干预经济的行为充分反映在银行发展过程中。技术创新的成功会带来高收益，这是高新技术产业积极投资于研发的内在驱动力。但银行和企业之间信息不对称、信息不确定性或信息不完全等问题，以及高新技术产业的高风险特征等因素的综合，制约着银行信贷对高新技术产业的支持。

（一）高度集中的银行体系与高新技术产业的发展主体不匹配

20世纪末以来，随着以美国为代表的发达国家逐渐放松管制，银行业也展开了激烈的竞争，而这种竞争已成为银行业发展的常态。放松管制带来的银行业竞争有助于大量创业创新型企业的蓬勃发展，在大量失败中孕育出少量成功机会来促进"创造性毁灭"式技术创新（Kerr and Nanda，2009）。高新技术产业领域的创新创业型企业，在早期阶段很难从银行获得金融支持。而中国的银行业结构又以国有大型银行或国有控股银行为主导，这与高新技术产业中以大量科技型中小企业为构成

第五章　中国高新技术产业发展的金融支持问题与原因分析

主体严重不匹配，加重了高新技术产业发展的金融约束或障碍。

从金融机构特别是银行机构的角度看，中国高度集中的银行体系和高度分散的企业体系之间存在着严重的结构不匹配。银行信贷资源分配的重点以大型企业为主，中小企业特别是科技型中小企业融资难已成为中国高新技术产业健康发展的重要制约因素。

另外，政策性银行的服务对象一般情况下是资质较好的大型企业，而高新技术产业领域的企业以科技型中小企业为主，达不到政策性银行对资质的要求，也缺乏有力的担保，因此，政策性银行对高新技术产业领域投入也较少。

（二）适应高新技术产业特点的信贷产品较为缺乏

在银行业集中度较高的情况下，银行信贷产品的创新不足，信贷产品种类较少，制约了其对高新技术产业的支持。一方面，银行的信贷业务都有担保要求，以不动产抵押贷款等业务为主，需要高新技术企业提供有效的物质资产抵押等担保方式，而高新技术企业在前期发展阶段资产规模都较小，无法满足担保要求，因此获得银行信贷的机会较少。另一方面，银行信贷结构仍然以传统产业的信贷业务为主，缺乏信贷创新产品，显然不能为高新技术企业提供强有力的资金支持。虽然银行针对科技型中小企业群体的特点，推出了新的信贷产品，在以原有不动产抵押贷款为主的基础上，推出了各种形式的动产质押类贷款，但由于对高新技术产业特征的认识和理解还不够深入,缺乏足够的信贷产品创新动力,本质上新产品与原有产品区别不大。

四 互联网金融方面的问题

互联网金融是互联网与金融的有效结合,是跨界产物,其形态虽然发生了重大变异,但其本质仍然是金融。所以商业银行和资本市场存在的操作风险、技术风险、信用风险和资本市场的透明度等风险,在各类互联网金融中同样存在。[①] 互联网金融的发展,推动了中国传统金融业的变革,为其科技型小微企业的融资提供了一条崭新的途径。同时,互联网金融存在较为复杂的风险,在支持科技型小微企业的过程中也存在一些问题。

由于缺乏产权保护制度,科技项目信息披露的风险日增。近年来,国家相继发布了关于互联网金融的《电子签名法》《网上银行业务管理暂行办法》《网上证券委托管理暂行办法》《证券账户非现场开户实施暂行办法》等法律法规。这些法律法规在一定程度上为互联网金融的发展提供了依据,但其是以传统金融业务的网上服务为基础制定的,而互联网金融是一个新产业,针对互联网金融新业务在市场准入条件、资金监管、对网上交易者的身

---

① 吴晓求:《互联网金融:成长的逻辑》,《财贸经济》2015 年第 2 期。

份认证、个人信息的有效保护、电子合同有效性的确认等方面的法律法规还没有出台。而通过互联网众筹平台进行融资的科技项目，需要在平台上展示其功能等相关信息，由于产权保护等相关监管的缺失，将会引发信息披露的风险。

第三节 中国高新技术产业发展的金融支持问题形成原因

通过对中国高新技术产业的支持现状与问题的考察可以看出，中国的金融体系在逐渐探索加大对高新技术产业发展的支持力度，也取得了一定的成效。但是，金融资本和高新技术产业的结合仍然存在着较多问题，这些问题的形成，既有宏观层面的原因，也有中观层面和微观层面的原因。

一 宏观层面的原因

中国高新技术产业经历了几十年的发展，取得了一定的成效，但目前仍处于前期阶段，产业领域内数量众多的高科技中小企业还不能得到有效的金融支持。由于一些宏观原因的存在，高新技术产业与金融资本不能充分有效地结合。具体体现在以下几个方面：

（一）由于价格管制，金融资金供给者缺乏合理的定价空间，导致高新技术产业的融资市场供给不足

利率其实是资产的价格，利率的管制本质上就是对资产价格的管制。这一管制导致利率不能反映市场上资金的供求情况。现实中的金融资产需求被政府制定的低水平的实际利率所压制，金融市场上的表现是初级证券的价格受信贷配给影响，利率水平不能准确地反映客观存在的投资机会，使得银行信贷缺乏定价空间，直接压制了银行通过为高新技术产业提供贷款获取高收益的动机。同样，对A股市场上的IPO价格市盈率的上限管制，导致一批得不到合理定价的、较有发展潜力的高新技术企业到海外上市，使资本市场对潜在的资金供给者的吸引力降低。可见，价格管制不利于资本市场的发展，压缩了价格机制发挥作用的空间，压制了资金供给，不利于高新技术产业获取外部资金支持。

（二）由于产权问题，高新技术企业与金融支持的结合面临障碍

在经济发展过程中，产权保护制度有利于市场的健康发展，在融资市场上的体现则更为突出。高新技术产业融资市场的产权问题具体涉及两个方面：一方面是高新技术企业自身的产权界定和产权保护问题，只有产权明晰，才能保证高新技术产业未来的

高收益；另一方面是资金供给方的产权界定和保护问题，比如放贷人、债权人、投资者等的产权保护。只有产权得到有效保护，资金供给方才会愿意放弃储蓄的控制权。由于这两方面产权问题的存在，高新技术企业与金融支持体系不能有效地结合。

（三）由于信用担保体系不健全，银行信贷等资金流向中小高新技术企业受到阻碍

银行的信贷业务以不动产抵押贷款为主，需要企业提供有效的物质资产抵押等担保，而高新技术产业由于技术研发和前期发展阶段的物质资产规模小，可能无法满足银行信贷业务对资质的要求。并且，中小企业信用较差，财务制度不健全，目前中国缺乏适合中小企业特点的信用征集、评级、发布制度以及奖励惩戒机制。这种信用档案数据库的缺乏，再加上信用担保体系的不健全，导致银行信贷等资金无法向高风险的高新技术中小企业提供支持。

二 中观层面的原因

（一）风险投资急功近利的短视行为，弱化了其筛选和培育高新技术产业的长期投资功能的发挥

风险投资的经典功能应该是为前期发展阶段的高新技术产业提供资金支持，并获取高收益，是连接科技创新、技术创新与金融资本的重要纽带，也是缓解高新技术产业发展前期资金

不足的有效手段之一。与其他金融产品不同的是，以风险投资为主的股权投资对高新技术产业的投资周期较长，重视被投资企业的成长性和自主创新性等，较多地投资于产业前期发展阶段，以获得未来的高收益。但是目前，中国风险投资热衷于投资高新技术产业的后期发展阶段，偏好于投资扩张阶段和成熟阶段的企业，造成投资过度集中在产业后期发展阶段，导致产业前期投资"贫困"现象的发生。风险投资的这种急功近利的短视行为以及短期投资于上市前的企业的投机现象，偏离了风险投资的筛选、孵化以及培育等长期投资的经典功能，弱化了其应发挥的作用，不利于初期发展阶段的高新技术产业发展壮大。

（二）由于市场存在规模歧视，大量高新技术中小企业的上市需求得不到满足

中国股票市场的运行从成立之日起就在某种程度上受到行政化的影响，筛选上市企业时依然存在"重大轻小"的规模歧视，阻碍了资本市场的价值发现和市场筛选等功能的发挥，也造成资本配置功能得不到正常的发挥，切断了资本市场与高新技术企业的有效连接。由于存在规模歧视等问题，各个层次的股票市场板块功能在实际运作中区别不大，场外交易市场发展缓慢和债券市场发展滞后等问题，减少了高新技术中小企业上市融资的机会，不能覆盖或满足大量中小企业的直接融资需求。

第五章 中国高新技术产业发展的金融支持问题与原因分析

（三）银行业集中度高，大型银行在银行体系中占主导地位，与众多高新技术中小企业主体不匹配

中国的银行体系以大型国有商业银行为主导，银行业集中度非常高，2000—2012年中国银行业集中度情况如表5-9所示。可以看出，中国银行业在资产总量、贷款余额、存款余额方面的集中度CR_4基本上均呈下降趋势，显示出国有商业银行之外的股份制商业银行、城市商业银行等其他银行不断发展，银行业市场竞争不断加剧，但其间也略有反复，如贷款集中度与存款集中度在2006年反而上升。

表5-9　　　　　　　　2000—2012年中国银行业集中度

年份	资产集中度（%）	贷款集中度（%）	存款集中度（%）
2000	71.92	72.59	72.28
2001	70.72	70.66	70.89
2002	67.97	68.42	68.08
2003	67.65	65.98	65.94
2004	66.04	62.53	62.58
2005	65.91	58.05	61.94
2006	64.91	67.05	62.38
2007	62.33	56.59	60.59
2008	60.82	53.42	59.32
2009	60.48	53.36	58.07
2010	59.25	52.53	57.47

高新技术产业的金融支持

续表

年份	资产集中度（%）	贷款集中度（%）	存款集中度（%）
2011	58.16	51.27	56.39
2012	56.22	50.19	55.34

注：资产集中度即四大国有商业银行资产总额占全部银行业金融机构资产总额的比重，贷款集中度即四大国有商业银行贷款余额占全部银行业金融机构贷款余额的比重，存款集中度即四大国有商业银行存款余额占全部银行业金融机构存款余额的比重。

资料来源：历年《中国金融年鉴》。

从绝对值上看，资产总量、贷款余额、存款余额的银行业集中度都是较高的。而较高的银行业集中度，显然不利于股份制商业银行、城市商业银行、外资银行等其他银行业金融机构的发展。根据国际上惯用的行业集中度划分标准，当某一行业的前4位企业的相关数值超过该行业总数值的30%或前8位企业的相关数值超过该行业总数值的40%时，这一行业就属于寡占型行业。2000—2012年，中国前4家大型国有商业银行的存款集中度和贷款集中度以及总资产集中度都超过了30%的通用标准，说明中国银行业集中度是较高的。

银行业集中度高或者竞争不足会导致银行经营活力的丧失和经营效率的低下，从而使资源配置效率低下。集中度过高很容易形成垄断，信贷资金会过多地投放于大型国有企业，使得中小企业融资困难。不同的金融体系在资金供应方面存在差异，

第五章 中国高新技术产业发展的金融支持问题与原因分析

大型银行在为中小企业提供金融支持时，信贷审批成本以及信息成本与风险控制成本相对较高，而且大型银行资金量比较充足，信贷业务也倾向于大型企业，出于规避风险的考虑，往往会忽视对中小企业的贷款业务，尤其是中小企业中的弱势群体——高新技术中小企业。所以，中国以少数几家大型银行为主导的银行业市场结构与高新技术产业的构成主体不匹配，导致高新技术中小企业的金融需求不能得到满足。而且，信贷投放倾向于比较保守的做法，热衷于将信贷资金投放于传统产业领域，尤其是大型商业银行的信贷资金提供给传统产业的较多，高新技术产业获得的信贷支持相对较少。

三 微观层面的原因

目前，中国高新技术产业处于起步阶段，产业中的大多数企业都为中小型企业。在高新技术产业发展过程中，资金支持是产业发展的核心问题，这些问题的形成除了宏观层面和金融支持体系层面的原因之外，还有高新技术产业企业自身的原因。

（一）由于企业资产规模小，缺乏抵押担保物和合适的担保人，很难获得银行信贷支持

高新技术产业内大多数是科技创新型中小企业，资产规模相对较小，没有能力为银行贷款提供足够的房产、地产和可变现的储蓄凭证等抵押担保物。并且，由于信用体系不健全，创

新和创业过程中的中小高新技术企业很难获得银行贷款的支持，更难在资本市场上市融资。

（二）由于经营上的高风险和收益上的不确定性等，企业很难获得金融体系的支持

随着高新技术企业成长阶段的推进，其融资问题也因发展阶段的不同而呈现出不同的特点。高新技术企业有高风险的特征，其融资风险是由信用风险产生的。高新技术企业的经营风险指的是因企业管理人员和重要决策人员在经营管理中出现的失误而导致的风险。因此，高新技术企业的经营风险是其融资风险的重要组成部分，也是融资风险的根源。高新技术企业的高投入和收益的不确定性，使其在每个成长阶段都会面临较高的经营风险。而由于经营风险的存在，企业很难获得外源融资。当高新技术企业依靠借入资金进行负债经营时，就会产生利润的不确定性，因此，银行信贷等商业性金融不愿意为其提供支持。

第四节　本章小结

本章讨论了中国高新技术产业的金融支持现状与存在的问题。从金融支持高新技术产业发展现状来看，目前中国金融体

系对高新技术产业发展的支持还处在初级或探索阶段,存在诸多问题。

第一,与高新技术产业特征契合的风险投资的经典功能发生了偏离,无论是投资阶段的分布还是退出方式都不利于高新技术产业的培育和发展,行为短视化比较明显。

第二,中国资本市场发展严重失衡,场外市场与债券市场等不够发达,股票市场中的创业板市场未能发挥应有的作用,证券类产品也较缺乏,这些问题影响了资金对高新技术产业的支持。

第三,较高的银行业集中度严重影响了银行信贷向高新技术产业的配置。

第四,互联网金融的众筹融资模式可以在一定程度上为科技成果的转化和小微企业的融资提供支持。

由于宏观层面、中观层面和微观层面的原因的共同作用,风险投资、银行信贷、资本市场、互联网金融等金融支持体系在支持高新技术产业发展过程中出现了诸多问题。

第六章

中国高新技术产业的金融支持影响效果实证分析

在第五章，通过对中国高新技术产业的现状分析，发现了其存在的问题，并对问题形成原因进行了讨论。高新技术产业的发展在客观上具有高投入、高产出的特性。根据金融内生理论，将金融投入作为影响高新技术产业发展的内生因素，可以通过实证分析投入—产出的效率来衡量金融支持高新技术产业发展的作用、影响程度及其影响因素，从而在某种程度上探究两者关系，找出金融支持体系发展的薄弱环节和突出问题，从而提出有益的政策建议。

第六章 中国高新技术产业的金融支持影响效果实证分析

第一节 研究设计与思路

在现实情况下,金融资源与其他资源一样具有有限性,因此有必要考虑高新技术产业的金融支持影响效果,从而进一步研究金融体系的资本形成、资源配置和风险管理等功能的发挥,以及对高新技术产业的影响效果及其支持水平。根据投入—产出理论,本书将金融资源的投入作为影响高新技术产业发展的内生因素,将高新技术产业的产出作为外生因素,通过实证分析投入—产出的效率来衡量金融支持对高新技术产业的作用和影响效果。

一 模型的设定与思路

在经济理论中,生产函数是投入要素的组合与最大化的产出之间的关系,是对经济生产活动的理论概括及最优的理想化模型,但并不是生产中投入与产出之间数量关系的简单总结。一个生产系统中相同类型的生产要素投入的组合,不一定能达到最优的生产函数的产出量。因此,生产函数应该是根据各生产单元实际投入量,通过一定的数学规划和统计数据方法求出其相应的最大产出量,从而求出最大产出量与投入要素之间对应的数量关系。前沿生产函数与传统回归分析的平均生产函数有所区别,它是研究生产系统投入与产出的关系,以及其影响效果的有效工具。这种评价效率的研究方法主要分为参数方法和非参数方法,本书将采用非参数方法之一的数据包络分析法(也称为DEA分析方法),衡量金融支持对高新技术产业发展的影响效果。

数据包络分析是以生产可能集的概念为理论基础的,在Charnes、Cooper和Rhodes(1978)的研究基础上,由Fare、Crosskopf和Logan(1983),Banker、Charnes和Cooper(1984)加以推广。DEA方法可以测度投入对产出的相对有效性,找出决策单元效率低的原因,从而为决策单元解决问题提供依据。采用DEA两阶段方法(Two-stage Method)来分析和评估决策单元的有效性及其影响因素,第一阶段DEA效率测度又分为综合效率的测度和动态效率的测度,综合效率采用BCC模型测算,动态效率采用DEA-Malmquist模型测算。

BCC模型的基本思路是,假设决策单元数量为n个,各决策单元使用m种投入X_{ji}($j=1$,2,$\cdots$,m),生产s种产出Y_{ri}($r=1$,2,3,$\cdots$,S),则f个决策单元的相对效率值可以运用式(6-1)求得。

第六章　中国高新技术产业的金融支持影响效果实证分析

$$\max h_f = \frac{\sum_{r=1}^{k} u_r Y_{rf} - u_0}{\sum_{j=1}^{m} v_j X_{jf}} \qquad (6-1)$$

$$\text{s. t.} \ \frac{\sum_{r=1}^{k} u_r Y_{ri}}{\sum_{j=1}^{m} v_j X_{ji}} \leqslant 1, i = 1,2,\cdots,n$$

其中，h_f 越大，说明第 f 个决策单元在一定的投入组合下的输出越多。因此，在研究过程中，通过尝试尽可能多的权系数变化来考察 h_f 的最大值，以此方法判断第 f 个决策单元在所有单元中是否相对最优。根据线性规划技术得出此方程的最优解，若是 $h_f = 1$，可以判断决策单元是 DEA 有效的。

效率的动态变化和影响效率变化的因素是学者们研究的重点。因此本书采用 DEA – Malmquist 模型，测量高新技术产业发展的金融支持动态效率以及影响因素。按照 Caves 等学者的研究，Malmquist 指数可以评估从 t 时期到 $t+1$ 时期的全要素生产率的变化。

$$M_{j,t+1}(x_j^t, y_j^t, x_j^{t+1}, y_j^{t+1}) = \left[\frac{d_j^t(x_j^{t+1}, y_j^{t+1}) d_j^{t+1}(x_j^{t+1}, y_j^{t+1})}{d_j^t(x_j^t, y_j^t) \quad d_j^{t+1}(x_j^t, y_j^t)} \right]^{\frac{1}{2}}$$

$$(6-2)$$

其中，x_j^t，y_j^t，x_j^{t+1}，y_j^{t+1} 分别表示观测点 j 在 t 时期和 $t+1$ 时期的投入和产出；$d_j^t(x_j^t, y_j^t)$，$d_j^t(x_j^{t+1}, y_j^{t+1})$，$d_j^{t+1}(x_j^t, y_j^t)$，$d_j^{t+1}(x_j^{t+1}, y_j^{t+1})$ 分别表示距离函数。如果 Malmquist 指

数大于 1，可以理解为从 t 时期到 $t+1$ 时期全要素生产率有了提高；小于 1，则结果相反。

式（6-2）也可以分解成两个部分的乘积，如式（6-3）所示。

$$(x_j^t, y_j^t, x_j^{t+1}, y_j^{t+1}) = \frac{d_j^t(x_j^{t+1}, y_j^{t+1})}{d_j^t(x_j^t, y_j^t)} \left[\frac{d_j^t(x_j^{t+1}, y_j^{t+1})}{d_j^t(x_j^t, y_j^t)} \frac{d_j^t(x_j^t, y_j^t)}{d_j^{t+1}(x_j^t, y_j^t)} \right]^{\frac{1}{2}} \quad (6-3)$$

分解后的 Malmquist 指数分为两个部分：技术效率变化指数和技术进步率变化指数。假设：

$$\frac{d_j^t(x_j^{t+1}, y_j^{t+1})}{d_j^t(x_j^t, y_j^t)} = ef_j^{t+1}, \quad \left[\frac{d_j^t(x_j^{t+1}, y_j^{t+1})}{d_j^t(x_j^t, y_j^t)} \frac{d_j^t(x_j^t, y_j^t)}{d_j^{t+1}(x_j^t, y_j^t)} \right] = tc_j^{t+1}$$

如果技术效率变化指数大于 1，则表明本期的生产比上期生产率有所提高，如果小于 1 则相反。技术进步率变化指数测度的是从 t 时期到 $t+1$ 时期的技术进步与创新情况，本书中则用于测度金融支持体系的先进设备使用情况和产业与业务流程的创新情况。若技术进步率变化指数大于 1，则表示技术的进步；如果小于 1，则结论相反。

由于考虑到 DEA 测度的效率可能受到某种环境因素的影响，本书在第二阶段进行了关于影响因素的回归分析，采用 Tobit 模型，用公式表示为：

第六章 中国高新技术产业的金融支持影响效果实证分析

$$Y^* = \begin{cases} c, & \text{若 } y_i \leq c \\ y_i, & \text{若 } d > y_i > c \\ d, & \text{若 } y_i \geq d \end{cases}$$

$$y_i = \beta^\varepsilon X_j + u_j, \ u_j \sim n(0, \delta^2), \ j = 1, 2, 3, \cdots, n \quad (6-4)$$

以第一阶段的分析测算结果作为因变量,将环境因素作为调节变量进行回归分析,并用被解释变量的系数来测度金融支持高新技术产业发展效率的各个影响因素的强度与方向。Tobit 回归模型可以表示为:

$$y = \beta_0 + \beta_1 X + \mu, \ \mu \sim N(0, \rho^2) \quad (6-5)$$

其中,y 是第一阶段测算出的效率值,是被解释变量,X 为环境因素(影响因素),β_1 为相关系数。

二 指标的选取与定义

本书对高新技术产业的金融支持影响效果的实证研究,将选取与金融支持相关的金融资源作为产业投入指标。戈德史密斯(Goldsmith)提出了金融相关率的概念[1],麦金农(McKinnon)构建了麦氏指标(M2/GDP),之后又相继出现了金融中介流动负债与国民生产总值比率、股市交易总量占银行向私人部门贷款额的比例等衡量金融发展的指标。国内研究主要是借

---

[1] 金融相关率是指一个国家和地区金融资产总额与实物资产总额的比率。

鉴国外较为成熟的指标,并结合国内实际发展情况,构造金融发展的衡量指标。比如,谢沛善(2010)选取金融规模、金融结构和金融效率作为衡量指标,孙伍琴和朱顺林(2008)等采用金融相关率、金融结构和金融活动率等指标评价金融体系的特征。

本书采用的投入指标、产出指标和调节变量指标有:

(1)投入指标:本书以高新技术上市公司作为样本企业,研究金融资本的配置情况。在投入指标的选取上,借鉴熊正德和林雪(2010)构造的资产负债率和流通股占总股本比例的金融资本投入指标以及马军伟(2012)在研究中采取的广义货币同比增长率指标。

①资产负债率(DR)。每季度的负债总额与资产总额之间的比率。此指标可以表示以银行为主的间接金融对高新技术产业的支持或投入。

②流通股占总股本比例(NR)。每季度的流通股占总股本的比例。此指标可以表示以资本市场为主的直接金融对高新技术产业的支持或投入。

③广义货币同比增长率($M2$)。每季度广义货币增长率,此指标可以考察国家宏观政策的影响以及宏观政策调控的冲击。

(2)产出指标:目前学术界普遍采用的衡量高新技术产业发展的指标主要有 R&D 指标、专利申请数量与授权数量以及产业增加值指标和财务比率指标等。本书根据高新技术上市企业数据，选取每季度净资产收益率与主营业务增长率等财务比率指标作为模型的产出指标。

①净资产收益率（ER）。每季度的税后利润与净资产之间的比率。此指标可以衡量高新技术产业的获利能力。

②主营业务增长率（IR）。本季度主营业务收入减去上季度主营业务收入，再除以上季度主营业务收入。此指标可以衡量高新技术产业的成长能力。

（3）调节变量：考虑到决策单元的有效性受环境因素或调节变量的影响，本书在充分借鉴已有研究成果的基础上，选取金融结构、以风险投资为主的股权投资、公司所有制形式、公司成立年数以及公司所在地为环境因素或调节变量。

①金融结构（FS）。借鉴谢沛善（2010）采用的金融结构指标，将每季度股票筹资额占银行贷款增加额比重作为金融结构变量。之所以选取此指标，是因为金融体系内的不同金融工具对高新技术产业发展的支持效率会有差异。

②股权投资（DV）。虚拟变量，0代表有风险投资等股权投资的参与、1代表无股权投资参与。高新技术产业具有高风险、高投入、高产出的特征，以风险投资或私募投资基金为代表的股权投资的参与会影响金融体系对高新技术产业的支持效率。因此，本书将样本公司的前十大股东有无创业风险投资或参与

私募基金等作为股权投资变量。

③公司所有制形式（DO）。虚拟变量，1代表非国有或民营企业，0代表国有及国有控股企业。考虑到金融体系在资源配置中有可能存在所有制偏好，故选取此指标作为环境变量。

④公司成立年数（SY）。虚拟变量，自公司成立年度到统计年度的经营时间。之所以选取此指标，是因为金融体系在进行资源配置时有可能以公司成立时间的长短来衡量公司经验以及信誉，进而影响金融支持效率。

⑤公司所在地（DL）。虚拟变量，1代表东部地区，0代表中西部地区。之所以选取此指标，是考虑到东部地区和中西部地区经济发展程度上的差距、资源分布不平衡以及地区差异等原因，有可能造成金融体系在资源配置中存在地区偏好或差异，从而导致金融支持的效率差异性。本书将公司所在地分为东部地区和中西部地区两种，衡量金融支持高新技术产业效率有无地区差异。

三 样本选择与数据来源

本书选择在沪深证券交易所上市的高新技术企业作为分析样本。根据国家科学发展火炬计划〔2008〕362号文件，筛选并统计截至2015年底上海证券交易所与深圳证券交易所的616家高新技术上市公司，剔除数据缺失部分后，有效样本共235

第六章 中国高新技术产业的金融支持影响效果实证分析

家,涵盖了六个行业:医药制造业,计算机、通信和其他电子设备制造业,软件和信息技术服务业,互联网和相关服务业,航空航天和其他运输设备制造业,仪器仪表制造业。其中,医药制造业上市公司有80家,计算机、通信和其他电子设备制造业上市公司有99家,软件和信息技术服务业上市公司有24家,互联网和相关服务业上市公司有4家,航空航天和其他运输设备制造业上市公司有24家,仪器仪表制造业上市公司有4家。本书选择的时间跨度为2008年第一季度至2012年第四季度连续20个季度。样本数据包括投入指标和产出指标数据以及公司所在地、公司成立年份、公司所有制形式、有无风险投资参与等。数据均来自万德数据库,有关金融机构和金融市场的数据来源于各年《中国金融年鉴》和中国人民银行网站发布的统计数据。

第二节 实证结果与分析

根据前文的实证研究思路,采用DEA两阶段分析方法,通过软件运算,得出的实证研究结果如下:

一 第一阶段测算结果与分析

第一阶段通过 DEAP 2.1 软件的产出导向 BCC 分析模块，测算出金融支持的综合技术效率值，主要测度金融支持体系的资源配置效率值。将综合技术效率分解为纯技术效率和规模效率。其中，纯技术效率可以衡量在现有技术和资源条件下的高新技术产业产出能力，是金融支持体系内部的体制机制运行和管理水平的体现；而规模效率则用于衡量金融支持体系的发展规模，衡量目前的发展规模对高新技术产业发展的适应性。

从表 6-1 可以看出，2008—2012 年中国高新技术产业整体发展的金融支持综合技术效率平均值为 0.765，其中有 12 个季度的效率值是小于 1 的。从 DEA 有效的严格定义来看，DEA 有效的数量并不是很多，其中 2012 年第一季度的综合技术效率值仅为 0.169，2010 年第一季度为 0.241，2011 年第一季度为 0.253，说明金融支持体系在高新技术产业发展过程中的资源配置效率并没有实现最优化，还有提升和优化的空间。此外，从其综合技术效率的变动趋势来看，金融支持高新技术产业整体发展的综合技术效率呈现出剧烈波动的特征，其效果不是很稳定，并且每年第一季度的综合技术效率水平都很低，这可能与高新技术产业的高投入高收益的特征有关。

第六章 中国高新技术产业的金融支持影响效果实证分析

表6-1 2008—2012年高新技术产业整体发展的金融支持效率

时间	综合技术效率	纯技术效率	规模效率
2008年第一季度	0.533	1	0.533
2008年第二季度	1	1	1
2008年第三季度	1	1	1
2008年第四季度	0.796	1	0.796
2009年第一季度	0.796	1	0.796
2009年第二季度	1	1	1
2009年第三季度	0.726	0.728	0.997
2009年第四季度	0.726	1	0.726
2010年第一季度	0.241	0.394	0.613
2010年第二季度	1	1	1
2010年第三季度	0.934	0.94	0.994
2010年第四季度	1	1	1
2011年第一季度	0.253	1	0.253
2011年第二季度	1	1	1
2011年第三季度	0.996	1	0.996
2011年第四季度	1	1	1
2012年第一季度	0.169	1	0.169
2012年第二季度	1	1	1
2012年第三季度	0.443	0.447	0.991
2012年第四季度	0.693	0.701	0.989
平均值	0.765	0.911	0.843

注：表中各个效率值由 DEAP 2.1 软件运算得出，整体样本个数为235家。

高新技术产业的金融支持

纯技术效率的平均值为0.911,也没有达到最优,其中5个季度的纯技术效率值小于1,还有提升和优化的空间。纯技术效率变化趋势也不稳定,并且呈波动下降趋势。这说明在样本期间,金融体系支持高新技术产业的体制机制运行水平和管理效率有下降的趋势。

从规模效率来看,有12个季度的规模效率值是小于1的,平均值为0.843,没有达到最优的状态,变化趋势也有波动,这说明中国高新技术产业从金融市场上获取资金的规模也没有实现最优,金融支持规模还有提升和优化的空间。

金融支持高新技术产业各细分行业发展的效率测算结果如表6-2、表6-3和表6-4所示。

表6-2 2008—2012年高新技术产业各细分行业发展的金融支持效率1

时间	医药制造业			计算机、通信和其他电子设备制造业		
	综合技术效率	纯技术效率	规模效率	综合技术效率	纯技术效率	规模效率
2008年第一季度	0.295	1	0.295	1	1	1
2008年第二季度	1	1	1	1	1	1
2008年第三季度	1	1	1	1	1	1
2008年第四季度	1	1	1	0.346	1	0.346
2009年第一季度	0.233	0.234	0.996	0.346	1	0.346
2009年第二季度	1	1	1	1	1	1
2009年第三季度	0.814	0.815	0.999	0.501	0.511	0.981

第六章 中国高新技术产业的金融支持影响效果实证分析

续表

时间	医药制造业			计算机、通信和其他电子设备制造业		
	综合技术效率	纯技术效率	规模效率	综合技术效率	纯技术效率	规模效率
2009 年第四季度	0.969	1	0.969	0.4	0.457	0.877
2010 年第一季度	0.295	1	0.295	0.176	0.176	0.998
2010 年第二季度	0.994	1	0.994	1	1	1
2010 年第三季度	0.943	0.945	0.998	0.968	0.977	0.99
2010 年第四季度	1	1	1	1	1	1
2011 年第一季度	0.289	0.312	0.925	0.256	0.275	0.93
2011 年第二季度	0.918	0.957	0.96	1	1	1
2011 年第三季度	1	1	1	0.974	1	0.974
2011 年第四季度	1	1	1	1	1	1
2012 年第一季度	0.29	1	0.29	1	1	1
2012 年第二季度	1	1	1	1	1	1
2012 年第三季度	0.81	0.814	0.995	0.437	0.444	0.984
2012 年第四季度	0.877	0.88	0.996	0.447	0.449	0.995
平均值	0.786	0.898	0.886	0.743	0.814	0.921

注：表中各个效率值由 DEAP 2.1 软件运算得出。

表 6-3　2008—2012 年高新技术产业各细分行业发展的金融支持效率 2

时间	软件和信息技术服务业			互联网和相关服务业		
	综合技术效率	纯技术效率	规模效率	综合技术效率	纯技术效率	规模效率
2008 年第一季度	0.321	1	0.321	0.403	1	0.403
2008 年第二季度	1	1	1	1	1	1

续表

时间	软件和信息技术服务业 综合技术效率	软件和信息技术服务业 纯技术效率	软件和信息技术服务业 规模效率	互联网和相关服务业 综合技术效率	互联网和相关服务业 纯技术效率	互联网和相关服务业 规模效率
2008 年第三季度	0.92	1	0.92	1	1	1
2008 年第四季度	1	1	1	0.949	1	0.949
2009 年第一季度	0.148	1	0.148	0.433	0.623	0.695
2009 年第二季度	0.986	1	0.986	0.837	0.841	0.994
2009 年第三季度	0.731	0.74	0.988	0.867	0.878	0.987
2009 年第四季度	0.996	1	0.996	1	1	1
2010 年第一季度	0.156	0.242	0.643	0.24	1	0.24
2010 年第二季度	1	1	1	0.983	1	0.983
2010 年第三季度	0.725	0.75	0.967	0.822	1	0.822
2010 年第四季度	1	1	1	0.811	0.86	0.943
2011 年第一季度	0.147	1	0.147	0.098	1	0.098
2011 年第二季度	1	1	1	0.726	0.877	0.828
2011 年第三季度	0.747	1	0.747	0.566	1	0.566
2011 年第四季度	1	1	1	0.271	0.311	0.874
2012 年第一季度	0.098	1	0.098	0.067	0.138	0.486
2012 年第二季度	1	1	1	1	1	1
2012 年第三季度	0.712	0.718	0.991	0.696	0.704	0.989
2012 年第四季度	0.961	0.981	0.979	0.712	1	0.712
平均值	0.732	0.922	0.797	0.674	0.862	0.778

注：表中各个效率值由 DEAP 2.1 软件运算得出。

第六章 中国高新技术产业的金融支持影响效果实证分析

表6-4 2008—2012年高新技术产业各细分行业发展的金融支持效率3

时间	航空航天和其他运输设备制造业			仪器仪表制造业		
	综合技术效率	纯技术效率	规模效率	综合技术效率	纯技术效率	规模效率
2008年第一季度	0.343	1	0.343	0.154	0.154	1
2008年第二季度	1	1	1	1	1	1
2008年第三季度	0.48	1	0.48	1	1	1
2008年第四季度	0.194	0.324	0.599	1	1	1
2009年第一季度	0.194	1.276	0.152	1	1	1
2009年第二季度	0.846	0.896	0.944	0.991	1	0.991
2009年第三季度	0.951	0.957	0.994	0.745	0.747	0.997
2009年第四季度	1	1	1	0.966	0.98	0.986
2010年第一季度	0.244	0.246	0.99	0.058	0.058	0.989
2010年第二季度	1	1	1	1	1	1
2010年第三季度	1	1	1	1	1	1
2010年第四季度	1	1	1	1	1	1
2011年第一季度	0.178	0.318	0.559	0.034	1	0.034
2011年第二季度	0.837	0.844	0.992	0.959	1	0.959
2011年第三季度	0.908	1	0.908	0.823	1	0.823
2011年第四季度	0.694	0.751	0.923	0.722	0.903	0.8
2012年第一季度	0.077	1	0.077	0.722	0.28	0.575
2012年第二季度	0.499	0.727	0.687	1	1	1
2012年第三季度	0.345	0.357	0.966	0.45	0.521	0.864
2012年第四季度	1	1	1	0.495	0.743	0.665
平均值	0.639	0.835	0.781	0.756	0.819	0.984

注：表中各个效率值由 DEAP 2.1 软件运算得出。

| 高新技术产业的金融支持 |

2008—2012年金融体系支持高新技术产业各细分行业发展的综合技术效率平均值都位于0.6—0.8，从DEA有效的严格定义来看，金融体系对高技术产业六大细分行业的资源配置效应也没有实现最优，还有提升和优化的空间。从行业比较来看，2008—2012年，各细分行业综合技术效率平均值由高到低的排列顺序为医药制造业（0.786），仪器仪表制造业（0.756），计算机、通信和其他电子设备制造业（0.743），软件和信息技术服务业（0.732），互联网和相关服务业（0.674），航空航天和其他运输设备制造业（0.639）。就综合技术效率的分解指标而言，平均来看，医药制造业、软件和信息技术服务业、互联网和相关服务业，以及航空航天和其他运输设备制造业的纯技术效率大于规模效率；而计算机、通信和其他电子设备制造业，以及仪器仪表制造业的纯技术效率小于规模效率。这说明，在医药制造业、软件和信息技术服务业、互联网和相关服务业，以及航空航天和其他运输设备制造业这四个行业中，要着重从规模效率出发提高金融支持效率，即这四个行业的金融支持规模需要进一步扩大。而在计算机、通信和其他电子设备制造业，以及仪器仪表制造业两个行业，要致力于提高金融支持纯技术效率，即提升金融体系的管理水平。

如表6-3所示，2008—2012年软件和信息技术服务业的综合技术效率平均值为0.732，其中有13个季度的效率值是小于1

的；纯技术效率平均值为0.922，其中有5个季度的效率值小于1；规模效率平均值为0.797，其中有13个季度的效率值是小于1的。这说明该行业金融支持效率有提升和优化的空间，尤其是金融体系在技术设备以及创新产品和金融规模方面需要进一步优化。互联网和相关服务业的综合技术效率、纯技术效率和规模效率的平均值分别为0.674、0.862和0.778，均低于软件和信息技术服务业的水平，变化趋势波动也剧烈，金融体系在该行业的资源配置效率需提升和优化。

航空航天和其他运输设备制造业，以及仪器仪表制造业的各效率值如表6-4所示。2008—2012年航空航天和其他运输设备制造业有14个季度的综合技术效率值是小于1的，平均值为0.639，并且多个季度的效率值都很低，2012年第一季度仅为0.077，并且从整体来看，有较为强烈的波动变化趋势，说明这一期间该行业的金融资源配置效率是相对较低的，有很大的优化提升空间。仪器仪表制造业的综合技术效率、纯技术效率和规模效率的平均值分别为0.756、0.819和0.984，均小于1，其中综合技术效率水平相对低些，2010年第一季度和2011年第一季度的综合技术效率值均较低，说明仪器仪表制造业的金融支持效率较低，从总体变化趋势来看，同样波动剧烈不稳定。因此，航空航天和其他运输设备制造业以及仪器仪表制造业的资源配置效率比较低，金融支持效果不明显，需要进一步改善和提升。

第一阶段对高新技术产业发展整体和各细分行业的金融支持综合效率进行了测算和总体评价。第二阶段采用 DEA – Malmquist 指数的测算方法,运用 DEAP 2.1 软件测算出 2008—2012 年金融支持高技术产业整体及其各细分行业发展的动态效率 Malmquist 指数,测算结果如表 6 – 5、表 6 – 6 所示。

表 6 – 5　　　　2008—2012 年高新技术产业整体发展的
金融支持动态效率

时期	综合技术效率变动	技术变动	纯技术效率变动	规模效率变动	Malmquist 指数
2008 年第一至第二季度	0.725	0.997	0.727	0.997	0.723
2008 年第二至第三季度	1.027	0.705	1.027	1	0.724
2008 年第三至第四季度	1.034	0.723	1.034	1	0.748
2008 年第四季度至 2009 年第一季度	0.174	4.251	0.183	0.951	0.742
2009 年第一至第二季度	1.953	0.416	1.924	1.015	0.813
2009 年第二至第三季度	1.047	0.635	1.047	1	0.664
2009 年第三至第四季度	1.007	0.891	1.007	1	0.897
2009 年第四季度至 2010 年第一季度	1.953	0.416	1.924	1.015	0.813
2010 年第一至第二季度	0.761	1.231	0.773	0.985	0.937
2010 年第二至第三季度	1.035	0.677	1.01	1.025	0.701
2010 年第三至第四季度	1.08	0.823	1.125	0.96	0.889
2010 年第四季度至 2011 年第一季度	1.283	0.521	1.272	1.008	0.668
2011 年第一至第二季度	0.896	0.655	0.892	1.005	0.587

第六章 中国高新技术产业的金融支持影响效果实证分析

续表

时期	综合技术效率变动	技术变动	纯技术效率变动	规模效率变动	Malmquist指数
2011年第二至第三季度	1.045	0.638	0.984	1.062	1.032
2011年第三至第四季度	0.959	0.9	1.012	0.94	0.863
2011年第四季度至2012年第一季度	1.629	0.446	1.616	1.008	0.726
2012年第一至第二季度	0.295	3.204	0.3	0.985	0.946
2012年第二至第三季度	0.928	0.614	1.037	0.895	0.57
2012年第三至第四季度	0.637	2.153	0.706	0.902	1.37
平均值	0.973	1.045	0.980	0.938	0.771

注：平均值为2008—2012年季度变化的几何平均值。

根据定义可知，Malmquist指数测度样本整体的动态效率。如表6-5所示，2008—2012年高新技术产业金融支持效率季度变化的Malmquist指数平均值为0.771，其值是小于1的，可以看出中国金融体系支持高新技术产业整体发展的总体效率有下降趋势。因此，中国金融支持体系的技术创新、资源配置、规模效率等方面还需要改善和提升。

如表6-6所示，从2008—2012年各细分行业Malmquist指数平均值来看，Malmquist指数由高到低的行业依次为：互联网和相关服务业，医药制造业，软件和信息技术服务业，计算机、通信和其他电子设备制造业，航空航天和其他运输设备制造业，仪器仪表制造业。这六大行业的Malmquist指数均低于1，反映出这些行业金融体系的资源配置功能未能有效发挥。

表6-6　　2008—2012年高新技术产业各细分行业发展的
金融支持动态效率

行业	综合技术效率变动	技术变动	纯技术效率变动	规模效率变动	Malmquist指数
医药制造业	1.011	1.553	1.008	1.000	0.924
计算机、通信和其他电子设备制造业	1.116	1.815	1.119	0.994	0.860
软件和信息技术服务业	1.103	1.572	1.092	1.007	0.910
互联网和相关服务业	1.297	1.551	1.302	0.992	0.981
航空航天和其他运输设备制造业	1.038	1.697	1.038	0.997	0.792
仪器仪表制造业	0.919	1.515	0.916	1.005	0.694

注：表中数据为2008—2012年季度变化的几何平均值。

二　第二阶段实证结果与分析

为进一步分析金融支持高新技术产业发展效率的影响因素，本书第二阶段的回归分析以第一阶段得出的Malmquist指数作为因变量，以金融结构（FS）、股权投资（DV）、公司所有制形式（DO）、公司成立年数（SY）和公司所在地（DL）为虚拟变量，构建面板数据的Tobit回归模型，基本形式为：

$$M_{jt} = \beta_0 + \beta_1 FS_{jt} + \beta_2 DV_{jt} + \beta_3 DO_{jt} + \beta_4 SY_{jt} + \beta_5 DL_{jt} + \mu_{jt}$$

$$\mu_{jt} \sim N(0, \sigma^2), j = 1, 2, 3, \cdots, N, t = 1, 2, 3, \cdots, T$$

(6-6)

以 Malmquist 指数作为因变量的 Tobit 估计结果如表 6-7 所示。可以看出，金融结构、股权投资、公司成立年数对金融支持高新技术产业发展效率有显著影响，而公司所有制形式和公司所在地变量则影响不显著。

表 6-7　　　　　　　第二阶段估计结果

自变量	系数	标准差	z 值
FS	-0.613***	0.213	-2.870
DV	0.158**	0.064	2.460
DO	0.049	0.053	0.940
SY	-0.010*	0.006	-1.680
DL	0.036	0.056	0.640
c	0.924***	0.144	6.430

注：共 235 家样本公司。数据处理工具为 Stata12.0。***、**、* 分别表示估计系数在 1%、5%、10% 的统计水平上显著。

（1）金融结构变量的估计系数为负，并且显著，说明金融结构显著影响高新技术产业的资源配置效率。选取与资本市场有关的股票筹资额与银行信贷增加额的比率作为金融结构变量指标，并且系数为负，说明银行在信息获取和处理、动员储蓄及有效地监督和激励公司治理等方面较有优势，以银行信贷为主导的金融结构可以较好地实现对高新技术产业发展的资源配置。而中国多层次资本市场发展不完善，上市后的监督和监管不力，投资者具有短期牟利等行为，对高新技术产业的金融支持效率较低。

（2）股权投资变量的估计系数为正，且在统计水平上显著，说明对于高新技术产业领域的企业来说，风险投资的参与可提高金融支持效率，并且影响效果较明显。金融体系对高新技术企业进行资源配置时会考虑是否有风险投资的参与，并且对此类企业有可能会追加投资。

（3）公司成立年数变量的估计系数为负，并且显著，说明高新技术产业领域的公司成立时间的长短会显著影响金融支持体系的资源配置效率。成立年份越短的企业，由于处于起步阶段或成长阶段，资金约束越大，亟须得到金融支持体系的资金支持，金融支持效率越大，影响效果越明显，资源配置效率越高。此结果也符合本书第三章有关高新技术产业发展阶段的金融需求的理论分析。

（4）公司所有制形式变量的回归结果不显著，这与以往多数学者的研究结果有所不同，说明高新技术产业领域的公司所有制形式对金融体系的资源配置效率影响不大。这可能与高新技术产业领域民营企业的数量较多有关，也可能与国有高新技术企业与其他领域的国有企业在运营效率上比较有优势有关。

（5）公司所在地变量的回归结果不显著，说明目前中国金融体系在高新技术产业领域的资源配置效率无差别。金融体系无论是在经济发展较高的东部地区还是在发展较慢的中西部地区，其资源配置效率是无差异的。

第三节 基本结论

本章使用 DEA 模型分析了中国金融体系在 2008—2012 年对高新技术产业的金融支持效果。从 2008—2012 年金融体系对高新技术产业的支持效率测算结果来看，中国金融体系支持高新技术产业整体发展的综合技术效率值有 12 个季度都小于 1，说明金融体系在支持高新技术产业发展过程中的资源配置效率并没有实现最优，还有提升和优化的空间，而且效率低主要是由金融支持体系的体制机制运行和管理效率低下引起的。此外，从综合技术效率的变动趋势来看，金融支持高新技术产业整体发展的综合技术效率呈现出剧烈波动的特征，其效果不是很稳定。金融体系在技术创新、资源配置和规模效率方面还需要进一步改善和提升。通过对 Malmquist 指数的分解可知，金融支持技术水平低下导致综合技术效率剧烈波动。

另外，在支持六个细分行业发展的过程中，金融支持体系的效率是有差别的。从 2008—2012 年各行业 Malmquist 指数平均值来看，按 Malmquist 指数由高到低对行业排序依次为：互联网和相关服务业，医药制造业，软件和信息技术服务业，计算机、通信和其他电子设备制造业，航空航天和其他运输设备制造业，仪器仪表制造业。这六大行业的 Malmquist 指数均低于 1，反映出这些行业的金融支持体系的资源配置功能未能得到有效发挥。

对影响金融支持效率的环境因素或调节变量的分析结果显示，金融结构、股权投资以及公司成立年数等环境变量因素对中国高新技术产业发展的金融支持效率影响显著，公司所有制形式和公司所在地等因素对中国高新技术产业发展的金融支持效率的影响不显著。可以看出，金融支持体系对高新技术产业发展的支持状况还受不可控的环境因素的影响。

第七章

结论与对策建议

第一节　结论

虽然近些年高新技术产业在国民经济中的比重不断提高，但不可否认，建设更为强大的高新技术产业是相当长时期内中国经济发展的中心内容，高新技术产业的发展，直接影响着中国经济能否真正地实现可持续发展。金融是现代经济的核心，金融发展对高新技术产业起着十分重要的作用。对中国而言，风险投资、资本市场、银行信贷、互联网金融等金融支持体系

高新技术产业的金融支持

不仅与经济增长有着紧密的联系，更对高新技术产业发展产生着重要的影响。为此，本书在厘清主要概念、回顾和评述前人文献和相关理论的基础上，分析了中国高新技术产业发展的金融支持现状以及高新技术产业与金融支持的关系，发现其中存在的问题，找出问题形成原因，并对中国高新技术产业发展的金融支持影响效果进行了实证分析。综合来看，本书得出了一个基本的结论：中国高新技术产业的金融支持效率还未达到最优状态，一个合理的与高新技术产业发展相适应的金融支持体系对高新技术产业的进一步发展有深远的影响。具体而言，主要结论如下：

（1）高新技术产业的高投资、高风险与高收益等特征显示出它与其他产业的区别。与其他产业相比，高新技术产业发展阶段的技术特征决定了其金融支持的差异化特征，随着高新技术产业的发展，其对金融资金的需求也会扩大。创业阶段的高新技术产业发展需求主要以政策性金融以及风险投资的支持为主；成长阶段的高新技术产业发展需求主要以风险投资的支持为主；扩张阶段的高新技术产业发展需求主要以商业信贷为主；成熟阶段的高新技术产业发展需求主要以资本市场的支持为主。产业发展的前期阶段可以借助政府引导资金或风险投资的支持，产业发展的后期阶段可以借助完全商业化的金融支持来满足资金需求。

第七章　结论与对策建议

中国高新技术产业大致经历了20世纪五六十年代的奠定基础阶段、20世纪六七十年代的初步成长阶段、20世纪70年代末到80年代末的产业化发展阶段和20世纪90年代至今的快速发展阶段。经过几十年的发展，中国高新技术产业取得了很大的成效，在产出规模和技术创新方面都取得了较多的成绩。但目前，研发强度以及技术创新等还是落后于世界主要发达国家，高新技术产业发展的研发投入中，大部分资金来源于内源融资，面临政府资金、外部资金等外源融资不足等诸多困境，金融支持不足严重影响了高新技术产业的发展。

（2）揭示了高新技术产业发展的金融支持作用机理。金融体系利用动员汇集储蓄、信息揭示、实施公司治理等功能的发挥和自身的技术创新、制度创新、结构优化、环境改善等全方位的发展，通过资本形成、资源配置、风险管理传导机制作用于高新技术产业的发展。

第一，金融体系的信息成本优势和资本流动性优势。金融体系结构合理能有效降低信息成本，增加资本流动性，有利于降低金融体系内部的交易成本，使社会上的闲散资金汇集到金融部门，成为金融资源。金融资源规模扩大，可以为高新技术产业提供有力的资金支持。

第二，金融体系具有高效的资源配置机制，可以根据所获得和处理的信息对有新技术、有潜力的企业家以及有前途的企业进行鉴别和挑选，引导资金流向高新技术产业领域，从而增加对高新技术产业的资源配置总量，推动高新技术产业的发展以及技术创新。

第三，金融体系具有较强的风险管理功能，通过风险分散、公司治理、监管和激励企业管理者等功能的发挥促进高新技术产业的发展和技术创新活动。

高新技术产业和金融资本的有效结合，能够引导资金流向高新技术产业领域，从而增加对高新技术产业的资源配置总量，推动高新技术产业加强技术创新，提高市场竞争力，促进高新技术产业的发展。

（3）通过对中国高新技术产业的金融支持现状与存在的问题进行研究，发现目前中国金融体系对高新技术产业发展的支持还处在初级或探索阶段，存在诸多问题。

第一，与高新技术产业特征契合的风险投资的经典功能发生了偏离，无论是投资阶段的分布还是退出方式都不利于高新技术产业的培育和发展，行为短视化比较明显。

第二，中国资本市场发展严重失衡，场外市场与债券市场等不够发达，股票市场中的创业板市场也未能发挥应有的作用，并且证券类产品缺乏，这些问题影响了资本市场对高新技术产业的支持。

第三，较高的银行业集中度严重影响了银行信贷向高新技术产业的配置。

第四，互联网金融的众筹融资模式在一定程度上为科技成果的转化和小微企业的融资提供支持。

由于宏观层面、中观层面和微观层面的影响因素的共同作用，风险投资、银行信贷、资本市场、互联网金融等在支持高新技术产业发展过程中出现了诸多问题。

（4）使用 DEA 两阶段模型分析了中国金融体系在 2008—2012 年对高新技术产业的金融支持影响效果，通过对中国高新技术产业的金融支持影响效果的实证分析发现，金融支持对高新技术产业整体发展的影响效果趋势不稳定。

中国金融体系通过技术创新、资源配置、规模效率等途径促进高新技术产业发展的效果还需要改善和提升。通过对 Malmquist 指数的分解可知，综合技术效率的剧烈波动主要是由金融支持体系的技术水平低下引起的。当然，金融支持体系的规模经济效应也不高。

从其综合技术效率的变动趋势来看，金融支持高新技术产业整体发展的综合技术效率呈现出剧烈波动的特征，其效果不是很稳定。另外，在支持六个细分行业发展的过程中，金融支持体系的效率是有差别的。

2008—2012 年各细分行业按 Malmquist 指数由高到低排序依次为：互联网和相关服务业，医药制造业，软件和信息技术服务业，计算机、通信和其他电子设备制造业，航空航天和其他运输设备制造业，仪器仪表制造业。这六大行业的 Malmquist 指数均低于 1，反映出这些行业的金融支持体系的资源配置功能未能得到有效发挥。

从影响效率的环境因素或调节变量分析结果来看，金融结构以及公司成立年数和股权投资等环境因素对中国高新技术产业发展的金融支持效率影响显著，公司所有制形式和公司所在地等因素对中国高新技术产业发展的金融支持效率的影响不显著。可以看出，金融支持体系对高新技术产业发展的支持状况还受不可控的环境因素的影响。

第二节 对策建议

高新技术产业多以创新创业型高技术中小企业为主，企业发展过程中不仅缺乏资金，还缺乏生产组织、风险管理与市场拓展等高新技术产业化所必需的经验。而风险资本的参与，对高新技术产业的发展具有强有力的推动作用，本书的实证研究进一步证实了这一结论。

第七章 结论与对策建议

一 政府采用适当的方式,引导风险资本的投资

从前文的实证分析部分可知,风险投资将促进高新技术产业的发展,而且对于高新技术企业来说,成立年份越短,风险投资的效果越明显。因此,政府应采取适当的方式,鼓励风险资金投向创业阶段和成长阶段的高新技术产业,并且推动以并购的方式实现风险投资的顺利退出,以此来提高风险投资的支持效率。

(一)以产业引导基金的方式,引导风险投资对高新技术产业的支持

风险资本的支持在高新技术产业发展中具有重要的作用,而且从实证分析结果来看,有风险投资背景的高新技术企业的金融支持效率较高,为了使更多的风险资本投入高新技术产业,政府应采用产业引导基金的方式,更好地发挥政府资金对风险投资的引导作用。虽然近些年来,政府的产业引导基金已有了一定的规模,但是由于管理和运作流程等问题,其效果不是很明显,对风险资本的实际引导作用不是很大。正因为风险投资存在高风险的特征,才需要政府设立产业引导基金,将社会资本以创业风险投资的形式引入高新技术产业,不能因为有风险、害怕追责而放弃产业引导基金的基本职能。一方面,要聘请专家进行评估并对产业引导基金进行严格管理,减少操作风险;

另一方面，应当正确面对项目投资失败的例子，对合理的损失持包容的态度。

风险资本的经典功能应该是投资于高新技术产业，培育和扶持创业期和成长期的高新技术产业。因此，政府的产业引导资金应该更多地投资于高新技术产业的前期阶段，尤其是中小微高新技术企业，加大对它们的支持力度，在章程中明确规定投资于高新技术企业的比例与投资于中小微企业的比例，在同等条件下优先扶持中小微高新技术企业。这样才能真正体现产业引导基金的作用，并正确引导风险资本。

（二）以推动并购的方式，实现风险投资的顺利退出

风险投资的退出渠道畅通与否影响风险投资的功能发挥，成功的退出既可以为风险资本赢取高额回报，又可以为下一个高新技术项目或有潜力的企业提供资金支持。发达国家的经验告诉我们，并购是一种资源整合手段，在资本市场低迷时应通过并购进行资源整合。当前，中国的资本市场正处于低迷期，企业估值均较低，这就为并购业务带来了机遇。而且据《中国风险投资年鉴》（2013）统计，目前中国并购交易规模占 GDP 的比重不到 1%，远低于发达国家的水平[①]，因此无论从客观条件还是从必要性来说，发展并购业务是促进

[①] 发达国家的并购交易规模一般占 GDP 的 5%—10%，新兴国家是 3%。

风险投资发展、实现金融支持高新技术产业发展的有效措施。当涉及与国有企业之间的并购交易时,政府应该"退出"、简化甚至取消行政审批,不应干涉和阻碍交易的顺利进行,从而推进并购行为的市场化,为风险投资的顺利退出创造良好的条件。

二 加快多层次资本市场建设,拓宽高新技术产业支持渠道

根据金融发展理论,一个国家的金融结构无论是以银行业主导的间接融资体系为主,还是以市场主导的直接融资体系为主,并不存在一个绝对的固定模式,也不存在绝对的好与坏之分,而是与这个国家的政治制度、法律环境与经济发展水平相适应。随着经济社会的不断发展,金融体系最终都将朝以市场为主导的直接融资体系方向发展,直接融资市场能有效促进技术创新以及提高资源配置效率。

从本书的现状部分和实证部分的研究结论可知,目前中国资本市场发展滞后,存在诸多问题,不利于为高新技术产业的发展提供支持。鉴于此,在资本市场的发展方面,要推进场外交易市场建设并完善现有的股票市场体系,使创新资源针对性地向高新技术产业配置,为高新技术产业提供金融支持。

高新技术产业的金融支持

（一）推进场外交易市场建设，拓宽对高新技术产业的金融支持渠道

在资本市场的建设方面，应致力于提供方便而有效的交易场所，满足大量高新技术中小企业的上市或股权交易需求。但是目前资本市场存在布局和功能定位不合理问题，场外交易场所的发展一直不理想。应重点发展以新三板为基础的场外交易市场，促进资本市场的平衡，为众多的高新技术企业提供股票交易场所和其他证券化融资服务。应完善多层次资本市场，为高新技术产业提供更有效的金融支持。场外交易市场是多层次资本市场体系最基础的组成部分，可以为大量暂时不具备条件到交易所上市的高新技术企业提供股权交易等初级资本市场服务，拓宽对高新技术产业的金融支持渠道。

（二）完善现有股票市场体系，使创新资源针对性地向高新技术产业配置

根据经济发展的实际情况，政府应将股票市场基于业绩的审批体制转为基于信息披露的体制，做好法律框架的完善工作并有效执行，加强会计和审计程序的公开透明、金融基础设施的升级等工作。严格区分创业板市场与主板市场和中小板市场的功能定位，使其成为支持高新技术产业发展的主要资本市场板块。为此，创业板市场的功能应该是满足高新技术企业的上市融资需求，需要充分考虑高新技术中小企业的规模和风险等

因素，降低上市标准，放宽发行人知识产权、非专利技术等作价出资资金占公司注册资本的比例，加强监督管理工作，使金融资源更加有针对性地投向高新技术产业领域。同时，为了避免中小板市场的主板化倾向，应明确中小板市场的功能定位，通过放宽上市条件或增加企业规模和盈利标准，为更多的科技成长型中小企业提供金融支持。

三 创新和完善商业银行信贷机制，并设立专门银行

目前中国银行业市场集中度仍然保持在较高的水平上，较高的银行业集中度会降低企业获取信贷服务的可能性，提高企业获取信贷服务的平均成本，从而提高高新技术产业的信贷成本；国有或国有控股银行在银行体系中占主导地位，过高的市场集中度会导致垄断经营，或者信贷资源的扭曲与无效配置，影响处于产业前期发展阶段的高新技术企业，使其很难从银行获取贷款等金融支持。应通过创新和完善商业银行信贷机制和设立专门银行等措施，提高其对高新技术产业发展的支持效率。

（一）创新和完善商业银行信贷机制，提高对高新技术产业的支持效率

商业银行要对高新技术产业有清晰的认识，提高控制风险的能力，响应国家倡议，加大对高新技术产业的金融支持力度，

根据高新技术产业发展的特点，创新和完善信贷机制。高新技术产业各发展阶段的金融需求具有差异性，一般情况下，产业的前期发展阶段存在严重的资金缺口等问题，因此，商业银行应考虑创新和完善信贷机制。比如：建立银行内部服务部门的协调机制或运行机制，以满足高新技术产业发展面大量多的资金需求；适当放宽信贷审批以及经营重点等门槛，充分发挥基层人员的各种优势，并建立专项贷款奖励基金和制度，提供更加专业的金融支持服务；探索建立适合高新技术产业特点的风险评估、市场反馈以及风险分担机制；等等。

（二）鼓励银行业部门为高新技术产业提供针对性贷款支持

第六章的实证分析结果表明，目前在中国，以银行信贷为主的金融结构有利于解决高新技术产业的资源匮乏问题。中国高新技术产业领域的企业多为科技型中小企业的事实以及高新技术产业的"三高"特征决定了其很难从银行部门获取贷款。为此，在银行等金融机构完善信贷机制的同时，政府应重点推动成立支持科技创新发展的政策性银行或科技银行，以降低银行业的市场集中度，打破垄断，鼓励银行业机构间的协作分工和错位竞争，为高新技术产业提供针对性的金融支持。

针对高新技术产业创业阶段的发展特点，以及商业银行因风险高、收益不确定而不愿意提供贷款支持的现实，借鉴美国硅谷银行的经验，设立政策性银行或科技银行，优先在高新技术产业集聚区进行试点，化解科技型创业企业融资难问题。或者把现有商业银行中具有支持科技创新发展功能的业务（专营机构）剥离出来，成立专门的科技性政策银行，[①] 有效实现其扶持高新技术产业发展的功能。

四 规范互联网金融发展，更好地为高新技术小微企业服务

高新技术产业的创新驱动是中国经济成功转型的根本动力，科技型小微企业是不容忽视的推动力量。互联网金融的众筹融资模式为解决融资瓶颈提供了一种可能途径。2013年11月，中共十八届三中全会通过的《中共中央关于全面深化改革若干重大问题的决定》，允许民间资本进入金融业，鼓励民间资本依法设立中小型银行等金融机构。该决定为互联网金融的发展带来了机遇，也为小微企业提供了另一个金融支持途径，有效解决了小微企业融资难、融资贵问题，实现了金融资源的有效配置。因此，结合第五章的研究内容，笔者对互联网金融的未来发展提出了相应建议。

（一）建立知识产权备案制度，降低高新技术项目信息披露风险

科技型中小微企业将通过互联网众筹平台披露新项目或者

[①] 刘志彪：《科技银行功能构建：商业银行支持高新技术产业发展的关键问题研究》，《南京社会科学》2011年第4期。

新技术的相关信息，投资者依据平台上的项目展示信息来判断是否投资，这些信息一经披露就属于共享资源，展示得越充分，可能会吸引越多投资者，但同时也产生了信息披露的潜在成本。如果该成本足够大，甚至抵消其他参与众筹的正向激励，那么科技创新项目的发起人将转向传统融资渠道。换言之，当项目本身具有高科技含量，预计有巨大的市场潜力，但还未得到专利保护时，项目发起人通常不愿选择众筹融资模式。因此，如何设计创新保护机制就成为众筹发展亟待解决的问题。目前，点名时间平台对这一问题的回应是希望创意项目发起人能获得专利后再选择众筹融资，说明专利保护是一个解决对策。但由于专利申请程序复杂，耗费时间较长，有可能导致创意项目最终无法体现其新颖性。因此，可将知识产权备案制度作为一项有益补充加入产权保护制度，可以在创新思想或方案公布前将项目创新之处做备案，在审查期同样接受知识产权保护并享有审批通过后的追责权利。

（二）规范互联网金融，为科技型中小微企业的发展提供环境基础

规范互联网金融，创造良好的金融生态环境，为高新技术产业中科技型中小微企业的发展提供环境基础。科技型中小微企业对资金和创新的需求较高，因此在逐步完善金融支持体系时，应大力发展众筹融资模式，并规范其发展模式，打破鱼龙

混杂的局面，降低各种风险。具体可以采取以下措施：一是完善法律制度，期待类似美国 JOBS 法案的法律法规出台，为众筹发展提供良好的制度环境；二是强调资金托管和分期拨付，保护投资者资金的安全；三是建立项目追踪机制及争端解决机制，规范互联网金融，使其更好地为科技型中小微企业服务。

参考文献

1. 爱德华·S. 肖：《经济发展中的金融深化》，中国社会科学出版社1989年版。
2. 巴曙松：《中国高新技术产业发展中的金融支持》，《城市金融论坛》2000年第1期。
3. 蔡红艳、阎庆民：《产业结构调整与金融发展》，《管理世界》2004年第2期。
4. 曹泽、李东：《R&D投入对全要素生产率的溢出效应》，《科研管理》2010年第3期。
5. 陈邦强、傅蕴英、张宗益：《金融中介发展与投资关系的实证研究》，《上海金融》2006年第8期。
6. 陈春根、杨欢：《FDI对我国高新技术产业国际竞争力影响的实证研究》，《特区经济》2012年第20期。
7. 陈刚、李树：《金融发展与增长源泉：要素积累、技术进步与效率改善》,《南方经济》2009年第5期。

8. 陈柳、刘志彪:《本土创新能力、FDI技术外溢与经济增长》,《南开经济研究》2006年第3期。

9. 陈柳钦:《高新技术产业发展的资本支持研究》,知识产权出版社2008年版。

10. 陈钊、陆铭、金煜:《中国人力资本和教育发展的区域差异:对于面板数据的估算》,《世界经济》2004年第12期。

11. 戴晨、刘怡:《税收优惠与财政补贴对企业R&D影响的比较分析》,《经济科学》2008年第5期。

12. 戴静:《中国金融发展对创新的影响研究——基于金融歧视的视角》,博士学位论文,华中科技大学,2014年。

13. 邓可斌、曾海舰:《中国企业的融资约束:特征现象与成因检验》,《经济研究》2014年第2期。

14. 杜伟、魏用:《技术创新的不确定性与政府激励政策安排》,《科学学与科学技术管理》2001年第7期。

15. 方甲:《产业组织理论与政策研究》,中国人民大学出版社1993年版。

16. 方军雄:《银行业规模结构、中小企业银行信贷与经济增长》,《会计与经济研究》2012年第2期。

17. 傅艳:《证券监管机构国际协作现状与趋势分析》,《技术经济与管理》2003年第1期。

18. 高莉、樊卫东：《中国股市资金流向对宏观金融的影响》，《管理世界》2002 年第 2 期。

19. 戈德史密斯：《金融结构与金融发展》，上海人民出版社 1994 年版。

20. 郭励弘：《风险投资的制度建设》，《经济社会体制比较》2000 年第 2 期。

21. 韩立岩、蔡红艳：《我国资本配置效率及其与金融市场关系评价研究》，《管理世界》2002 年第 6 期。

22. 韩廷春：《金融发展与经济增长经验模型与政策分析》，《世界经济》2001 年第 6 期。

23. 韩霞：《高技术产业公共政策研究》，社会科学文献出版社 2009 年版。

24. 韩永辉、冯晓莹、邹建华：《中国风险投资与企业 IPO 是双赢吗？——来自创业板上市公司的经验数据》，《金融经济学研究》2013 年第 11 期。

25. 何菊莲、张轲：《制度创新：提升高新技术产业自主创新能力的关键》，《财经理论与实践》2010 年第 6 期。

26. 何小三、臧跃茹：《资本市场发展与战略性新兴产业成长研究述评》，《中国经贸导刊》2012 年第 6 期。

27. 贺力平：《金融发展与中国投资增长——1981—2002 年数据测算及初步分析》，《财贸经济》2004 年第 11 期。

28. 洪银兴：《科技金融及其培育》，《经济学家》2011年第6期。

29. 黄海龙：《基于电商平台为核心的互联网金融研究》，《上海金融》2012年第8期。

30. 黄玲、周勤：《创新驱动、融资约束与科技型小微企业众筹——以点名时间为例》，载中国工业经济学研究会《工业经济学会论文集》，国家会计学院出版社2015年版。

31. 江小涓、冯远：《合意性、一致性与政策作用空间：外商投资高新技术企业的行为分析》，《管理世界》2000年第3期。

32. 蒋殿春、张宇：《行业特征与外商直接投资的技术溢出效应——基于高新技术产业的经验分析》，《世界经济》2006年第5期。

33. 蒋玉洁、徐荣贞：《科技成长型企业的汇率风险管理》，《经营与管理》2007年第4期。

34. 荆娴：《资本市场促进高新技术产业发展》，博士学位论文，东华大学，2011年。

35. 霍健华：《中国高新技术企业竞争力案例分析》，《市场周刊》2002年第2期。

36. 李朝晖：《建立国家级战略性新兴产业创业投资引导基金的对策建议》，《现代经济探索》2011年第10期。

37. 李宏舟：《战略性新兴产业与创业投资体系》，《财经问题研究》2012 年第 4 期。

38. 李晓钟、何建莹：《FDI 对我国高新技术产业技术溢出效应分析》，《国际贸易问题》2012 年第 7 期。

39. 李晓钟、张小蒂：《外商直接投资对我国技术创新能力影响及地区差异分析》，《中国工业经济》2008 年第 9 期。

40. 林毅夫、孙希芳、姜烨：《经济发展中的最优金融结构理论初探》，《经济研究》2009 年第 8 期。

41. 林毅夫、孙希芳：《信息、非正规金融与中小企业融资》，《经济研究》2005 年第 7 期。

42. 林毅夫、孙希芳：《银行业结构与经济增长》，《经济研究》2008 年第 9 期。

43. 林毅夫、章奇、刘明兴：《金融结构与经济增长：以制药业为例》，《世界经济》2003 年第 1 期。

44. 刘健钧：《全球创业板市场新发展与我国政策建议》，《宏观经济管理》2004 年第 2 期。

45. 刘世锦：《为产业升级和发展创造有利的金融环境》，《上海金融》1996 年第 4 期。

46. 刘伟：《高新技术产业技术创新效率研究》，科学出版社 2014 年版。

47. 刘志彪：《科技银行功能构建：商业银行支持战略性新兴产

业发展的关键问题研究》,《南京社会科学》2011 年第 4 期。

48. 柳剑平、郑绪涛、喻美辞:《税收、补贴与溢出效应分析》,《数量经济技术经济研究》2005 年第 12 期。

49. 卢方元、靳丹丹:《我国 R&D 投入对经济增长的影响》,《中国工业经济》2011 年第 3 期。

50. 卢峰、姚洋:《金融压抑下的法治、金融发展和经济增长》,《中国社会科学》2004 年第 1 期。

51. 逯宇铎、兆文军:《高新技术产业化理论与实践》,科学出版社 2011 年版。

52. 罗美娟:《关于股票市场与经济增长关系的争论》,《经济学动态》2001 年第 6 期。

53. 吕铁、余剑:《金融支持战略性新兴产业发展的实践创新、存在问题及政策建议》,《宏观经济研究》2012 年第 5 期。

54. 马军伟:《战略性新兴产业的金融支持研究》,博士学位论文,武汉大学,2012 年。

55. 马晓霞:《高新技术产业金融支持体系研究》,《科技进步与对策》2006 年第 9 期。

56. 齐兰:《垄断资本全球化对中国产业发展的影响》,《中国社会科学》2009 年第 2 期。

57. 钱霞:《创业投资引导基金扶持战略性新兴产业浅析》,

《经济体制改革》2011年第5期。

58. 阙紫康：《中小企业金融支持体系：理论、证据与公共政策》，深圳证券交易所，2009年8月25日。

59. 芮晓武、刘烈宏：《中国互联网金融发展报告2014》，社会科学文献出版社2014年版。

60. 沈能、刘凤朝：《从技术引进到自主创新的演进逻辑——新制度经济学视角的解释》，《科学学研究》2008年第8期。

61. 沈亚军：《技术创新对高新技术产品出口创新的影响》，《企业经济》2006年第5期。

62. 史丹、李晓斌：《高技术产业发展的影响因素及其数据检验》，《中国工业经济》2004年第12期。

63. 苏基溶、廖进中：《开放条件下的金融发展、技术进步与经济增长》，《世界经济文汇》2009年第5期。

64. 隋鑫：《高技术产业人力资本投资——优势、绩效与风险治理》，经济管理出版社2007年版。

65. 孙伯灿、陈卫东、范柏乃：《中国高新技术产业税收优惠政策实证研究》，《浙江大学学报》（人文社会科学版）2001年第6期。

66. 孙明：《银行间债券市场对战略性新兴产业发展的金融支持研究》，《产权导刊》2012年第4期。

67. 孙伍琴、朱顺林：《金融发展促进技术创新的效率研究——

基于 Malmuquist 指数的分析》,《统计研究》2008 年第 3 期。

68. 王红领、李稻葵、冯俊新:《FDI 与自主研发:基于行业数据的经验研究》,《经济研究》2006 年第 2 期。

69. 王雷、党兴华:《R&D 经费支出、风险投资与高新技术产业发展——基于典型相关分析的中国数据实证研究》,《研究与发展管理》2008 年第 4 期。

70. 王立勇:《东北三省投入对潜在产出贡献率的比较研究——基于面板数据的经验分析》,《中国软科学》2008 年第 4 期。

71. 王晓滨、尚志龙、刘炼:《论促进高新技术产业发展的税收优惠政策》,《税务研究》2004 年第 10 期。

72. 王新红:《我国高新技术企业资金供给的有效性评价》,《经济管理》2007 年第 20 期。

73. 王艺瑾:《中国高新技术产业发展的制度经济学分析》,博士学位论文,吉林大学,2009 年。

74. 王璋铭、谢存旭:《银行竞争、融资约束与战略性新兴产业技术创新》,《宏观经济研究》2015 年第 8 期。

75. 魏守华、姜宁、吴贵生:《内生创新努力、本土技术溢出与长三角高技术产业创新绩效》,《中国工业经济》2009 年第 2 期。

76. 吴江林、柏政成、周孝华：《创业企业创新与风险投资最优退出方式选择》，《科学学与科学技术管理》2011年第2期。

77. 吴敬琏：《增长模式与技术进步》，《科技潮》2005年第10期。

78. 吴晓求：《互联网金融：成长的逻辑》，《财贸经济》2015年第2期。

79. 吴晓求：《金融理论的发展及其演变》，《中国人民大学学报》2014年第4期。

80. 吴晓求：《中国创业板市场：现状与未来》，《财贸经济》2011年第4期。

81. 吴延兵：《R&D与生产率——基于中国制造业的实证研究》，《经济研究》2006年第4期。

82. 吴延兵：《中国哪种所有制类型企业最具创新性》，《世界经济》2012年第6期。

83. 吴玉鸣：《中国区域研发、知识溢出与创新的空间计量经济研究》，人民出版社2007年版。

84. 肖彬、李海波：《商业银行支持战略性新兴产业发展的金融政策研究》，《农村金融研究》2011年第5期。

85. 肖兴志、姜晓婧：《战略性新兴产业政府创新基金投向：传统转型企业还是新生企业》，《中国工业经济》2013年第

1 期。

86. 谢沛善：《中日高新技术产业发展的金融支持研究》，博士学位论文，东北财经大学，2010 年。

87. 熊正德、詹斌、林雪：《基于 DEA 和 Logit 模型的战略性新兴产业金融支持效率》，《系统工程》2011 年第 6 期。

88. 徐伟民：《科技政策与高新技术企业的 R&D 投入决策——来自上海的微观实证分析》，《中国软科学》2009 年第 5 期。

89. 杨蒙莺、陈德棉：《风险投资介入的最优创业融资探讨》，《科学管理研究》2005 年第 1 期。

90. 杨天宇、钟宇平：《中国银行业的集中度、竞争度与银行风险》，《金融研究》2013 年第 1 期。

91. 姚战琪、夏杰长：《资本深化、技术进步对中国就业效应的经验分析》，《世界经济》2005 年第 1 期。

92. 叶欣、郭建伟、冯宗宪：《垄断到竞争：中国商业银行业市场结构的变迁》，《金融研究》2001 年第 11 期。

93. ［美］约瑟夫·熊彼特：《经济分析史》，商务印书馆 2008 年版。

94. 张本照、杨爱年：《FDI 与我国高新技术产业出口竞争力——基于协整理论的实证分析》，《现代管理科学》2007 年第 1 期。

95. 张婧：《关于我国高新技术产业吸引跨国公司投资问题的思考》，《软科学》2002年第1期。

96. 张军、金煜：《中国的金融深化和生产率关系的再检测：1987—2001》，《经济研究》2005年第11期。

97. 张军：《增长、资本形成与技术选择：解释中国经济增长下降的长期因素》，《经济学》（季刊）2002年第1期。

98. 张立军：《金融发展影响城乡收入差距的三大效应分析及其检验》，《数量经济技术经济研究》2006年第12期。

99. 张倩肖、冯根福：《三种R&D溢出与本地企业技术创新——基于我国高新技术产业的经验分析》，《中国工业经济》2007年第11期。

100. 张文春：《税收政策在促进高新技术产业发展中的作用及其机理分析》，《中国人民大学学报》2006年第1期。

101. 张玉喜：《产业政策的金融支持：机制、体系与政策》，经济科学出版社2007年版。

102. 赵奇伟、张诚：《金融深化、FDI溢出效应与区域经济增长：基于1997—2004年省际面板数据分析》，《数量经济技术经济研究》2007年第6期。

103. 赵玉林：《高新技术产业发展对经济增长带动作用的实证分析》，《数量经济技术经济研究》2006年第6期。

104. 郑绪涛、柳剑平：《促进R&D活动的税收和补贴政策工具的有效搭配》，《产业经济研究》2008 年第 1 期。

105. 张同斌：《中国高新技术产业的发展及其影响因素研究》，博士学位论文，东北财经大学，2012 年。

106. 钟鸣长、刘新梅：《FDI 技术外溢效应的实证研究——基于高新技术产业与传统产业的比较》，《科技管理研究》2009 年第 11 期。

107. 兹维·博迪、伯特·C. 莫顿：《金融学》，中国人民大学出版社 2000 年版。

108. Allen F., Stock Markets and Resource Allocation, *Capital Markets and Financial Intermediation*, Cambridge: Cambridge University Press, 1993.

109. Allen F. and D. Gale, "Diversity of Opinion and the Financing of New Technologies", *Journal of Financial Intermediation*, 1999, 8 (12).

110. Almeida H. and D. Wolfenzon, "The Effect of External Equilibrium Allocation of Capital", *Journal of Financial Economics*, 2004 (10).

111. Apergis, Nicholas and Lyroudi, "The Relationship between Foreign Direct Investment and Economic Growth: Evidence from Transition Countries", *Transition Studies Review*, 2008 (15).

112. Beck T. and Levine R., "Industry Growth and Capital Alloca-

tion: Does Having a Market or Bank—Based System Matter", *Journal of Financial Economics*, 2002 (64).

113. Bencivenga, Valerie R. and Smith D., "Financial Intermediation and Endogenous Growth", *Review of Economic Study*, 1991, 58 (2).

114. Blomstrom M. and Persson H., "Foreign Direct Investment and Spillover Efficiency in an Underdeveloped Economy: Evidence from the Mexican Manufacturing Industry", *World Development*, 1983 (11).

115. Boyd J. H. and Smith B. D., "The Evolution of Debt and Equity Markets in Economic Development", *Economic Theory*, 1998, 12 (3).

116. Brown J. R., Martinsson G. and Petersen B. C., "Do Financing Constraints Matter for R&D?", *European Economic Review*, 2012 (56).

117. Bucci Alberto, "R&D, Imperfect Competition and Growth with Human Capital Accumulation", *Scottish Journal of Political Economy*, 2003 (4).

118. Charles I. Jones, "R&D Based Models of Economic Growth", *The Journal of Political Economy*, 1995 (4).

119. Coccia Mario, "What is the Optimal Rate of R&D Investment to

Maximize Productivity Growth", *Technological Forecasting and Social Change*, 2009, 76 (3).

120. Czarnitzki Dirk and Hussinger Katrin, "The Link between R&D Subsidies, R&D Spending and Technological Performance", *ZEW Discussion Paper*, 2004 (4).

121. Diamond and Douglas, "Financial Intermediation and Delegated Monitoring", *Review of Economic Studies*, 1984, 51 (3).

122. Dimelis, Sophia and Helen Louri, "Foreign Direct Investment and Efficiency Benefits: A Conditional Quantile Analysis", *Oxford Economic Papers*, 2002 (54).

123. Fuebte A. and Marin J., "Innovation, Bank Monitoring, and Endogenous Financial Development", *Journal of Development Economics*, 1996 (2).

124. Glachant Jerome, "The Level of R&D Spending in the Variety-based Endogenous Growth Model", *Research in Economics*, 2001 (55).

125. Harris R. and Robinson C., "Productivity Impacts and Spillovers from Foreign Ownership in the United Kingdom", *National Institute Economic Review*, 2004 (187).

126. Hellmannm, T. K. Murdock and Stiglitz, *Financial Restraint: Toward a New Paradigm*, Oxford University Press, 1996.

127. Hicks J., *A Theory of Economic History*, Oxford: Oxford University Press, 1969.

128. Kang J. K. and Rene M. Stulz, "Do Banking Shocks Affect Borrowing Firm Performance? An Analysis of the Japanese Experience", *Journal of Business*, 2000, 73 (1).

129. Karolina Ekholm and Johan Torstenson, "High – Technology Subsidies in General Equilibrium: A Sector – Specific Approach", *The Canadian Journal of Economics*, 1997 (30).

130. Kerr W. R. and Nanda R., "Democratizing Entry: Banking Deregulations, Financing Constraints and Entrepreneurship", *Journal of Financial Economics*, 2009 (94).

131. Kokko A. Tansini and Zejan M., "Productivity Spillovers from FDI in the Uruguayan Manufacturing Sector", *Journal of Development Studies*, 1996 (32).

132. La Porta R., Lopez – de – Silanes F. and Shleifer A., "Legal Determinants of External Finance", *Journal of Finance*, 1997 (52).

133. La Porta. R., Lopez – de – Silanes F. and Shleifer A., "Law and Finance", *Journal of Political Economy*, 1998 (106).

134. Levine R., *Bank – Based or Market – Based Financial Systems: Which is Bette*, University of Minnesota Mimeo, 2000.

135. Mark L. M. , "Efficient Venture Capital Financing Combining Debt and Equity", *Review of Economic Design*, 1998, 3 (4).

136. Merton R. C. and Bodie Z. , *A Conceptual Framework for Analyzing the Financial Environment*, Boston: Harvard Business School Press, 1995.

137. Nandini Lahiri, "Geographic Distribution of R&D Activity: How does it Affect Innovation Quality", *Academy of Management Journal*, 2010 (5).

138. Neus W. and Walz U. , "Exit Timing of Venture Capitalist in the Course of an Initial Public Offering", *Journal of Financial Intermediation*, 2005, 14 (2).

139. Parisi Maria Laura and Schiantarelli Fabio, "Productivity, Innovation Creation and Absorption, and R&D: Micro Evidence for Italy", *Boston College Working Papers in Economics*, 2002 (526).

140. Rajan R. G. , "Insiders and Outsiders: The Choice between Informed and Arms - Length Debt", *The Journal of Finance*, 1992, 47 (4).

141. Shleifer A. and Vishny R. W. , "Large Shareholders and Corporate Control", *Journal of Political Economy*, 1986, 94 (3).

142. Stiglitz J. E. , "Credit Markets and the Control of Capital", *Journal of Money, Credit and Banking*, 1985, 17（2）.

143. Tadassee S. , "Financial Architecture and Economic Performance: International Evidence", Working Paper, University of South Carolina, 2000.

144. ［日］藤田哲雄：《急成長する中国のインターネット金融》,《環太平洋ビジネス情報》2015 年第 15 期。

附　　录

235 家高新技术产业样本公司名单

1．医药制造业（80 家）

丽珠集团、四环生物、东阿阿胶、沃华医药、紫鑫药业、海翔药业、通化金马、普洛药业、仁和药业、东北制药、青海明胶、北大医药、华神集团、吉林敖东、国农科技、海南海药、ST 古汉、丰原药业、新华制药、江中药业、赛升药业、新和成、华润三九、奥瑞德、哈药股份、天目药业、华兰生物、鲁抗医药、辅仁药业、交大昂立、康缘药业、华海药业、天士力、联环药业、康美药业、华北制药、嘉应制药、莱茵生物、恒康医疗、达安基因、双鹭药业、亿帆鑫富、科华生物、京新药业、山大华特、金陵药业、广济药业、长春高新、羚锐制药、利德曼、恒瑞医药、海正药业、中新药业、通化东宝、中恒集团、益佰制药、浙江医药、九强生物、康恩贝、西藏药业、天药股份、复星医药、中国医药、神奇制药、生物股份、人福医药、华润双鹤、金花股份、中珠控股、济川药业、太极集团、中牧股份、昆药集团、片仔癀、天坛生物、现代制药、千金药业、健康元、亚宝药业、太龙药业

高新技术产业的金融支持

续表

2. 计算机、通信和其他电子设备制造业（99家）

华映科技、天津普林、麦达数字、沃尔核材、大立科技、新海宜、顺络电子、莱宝高科、三维通信、苏州固锝、康强电子、恒宝股份、超声电子、京东方A、华东科技、振华科技、四川九洲、创维数字、深科技、深天马A、航天发展、汇源通信、TCL集团、长城电脑、中兴通讯、ST华赛、长城信息、深康佳A、深华发A、东旭光电、太极实业、三安光电、上海普天、华工科技、国光电器、同方国芯、东信和平、中科三环、浪潮信息、长园集团、天津磁卡、国睿科技、法拉电子、方兴科技、彩虹股份、东方通信、南京熊猫、通富微电、四川长虹、新嘉联、华天科技、北斗星通、艾派克、中航光电、利达光电、武汉凡谷、东晶电子、福晶科技、远望谷、合力泰、航天电器、七喜控股、同洲电子、得润电子、汉麻产业、紫光股份、新疆众和、大恒科技、动力源、航天信息、四创电子、天通股份、北矿磁材、铜峰电子、同方股份、仪电电子、方正科技、烽火通信、航天机电、联创光电、宁波韵升、大唐电信、中国卫星、海信电器、保千里、长电科技、波导股份、北方导航、信威集团、ST海润、上海贝岭、长江通信、生益科技、华微电子、精伦电子、士兰微、旭光股份、深纺织A、风华高科

3. 软件和信息技术服务业（24家）

远光软件、东华软件、华胜天成、二三四五、国脉科技、国电南瑞、石基信息、亿阳信通、南天信息、北纬通信、金证股份、华东电脑、宝信软件、游久游戏、浙大网新、中国软件、湘邮科技、浪潮软件、用友网络、新大陆、信雅达、恒生电子、东软集团、中安消

4. 互联网和相关服务业（4家）

海虹控股、生意宝、游族网络、鹏博士

续表

5. 航空航天和其他运输设备制造业（24家）
信隆实业、中航飞机、中航动控、神州高铁、宗申动力、中船防务、上海凤凰、中航机电、中路股份、航天科技、海特高新、南方汇通、钱江摩托、中航动力、中国嘉陵、洪都航空、北方创业、林海股份、中航电子、晋西车轴、中国船舶、中直股份、钢构工程、成发科技
6. 仪器仪表制造业（4家）
科陆电子、威尔泰、东方网络、ST光学